Charles-Henri Le Chevalier

LA RÉMUNÉRATION DES GRANDS PATRONS

Halte à la démesure !

PARIS

LES BELLES LETTRES

2021

www.lesbelleslettres.com

Retrouvez Les Belles Lettres
sur Facebook et Twitter

ISBN : 978-2-37615-084-8

Il faut éteindre la démesure plus encore que l'incendie
Héraclite d'Ephèse

Préambule

En 2016, la rémunération stratosphérique (15,4 millions d'euros) de Carlos Ghosn, qui dirigeait alors Renault et Nissan, a profondément choqué l'opinion publique. Bien que cette rémunération ne détonnât en rien avec celle de ses pairs américains dans le secteur automobile ou dans d'autres secteurs, elle fut perçue en France comme un pied de nez envers tout le monde, et pas seulement les salariés du groupe. Comme si le numéro 1 d'un groupe ne devait regarder que la rémunération de ses homologues sur le marché.

L'émotion, suscitée par cette rémunération hors norme, a été considérable en France. Si notre pays a besoin de grands dirigeants, visionnaires, entrepreneuriaux, ambitieux, sachant détecter les opportunités qui feront réussir leurs groupes, la démesure n'est pas dans l'ADN français.

L'équité et le lien social dans l'entreprise sont devenus des objectifs, rendus incontournables par la publicité des rémunérations des grands patrons.

Aujourd'hui, les moyens de communication, notamment les réseaux sociaux, en supplantant les relais habituels (syndicats), font émerger une société de l'immédiateté qui génère des mouvements difficilement contrôlables (Bérets rouges, Gilets jaunes) et des réactions imprévisibles à la suite d'informations ou, pire de «*fake news*» qui ont la capacité de nuire gravement à un groupe.

Le patron, c'est-à-dire le «premier de cordée[1]» dans un groupe, doit avoir évidemment une rémunération correspondant à sa fonction et à ses performances. Personne ne le nie mais l'écart entre sa rémunération totale, celle de la rémunération moyenne dans l'entreprise, et celle du premier décile (les 10 % de l'entreprise qui ont les rémunérations les plus basses) doit rester décent et audible, ce qui n'a pas toujours été et n'est pas toujours le cas.

Si le patron mérite une rémunération très élevée lorsque la performance est exceptionnelle, il doit accepter de partager davantage les profits : d'abord avec tous ceux dont l'impact est majeur dans la performance, ensuite avec l'ensemble des salariés, dont la contribution au succès est moins directe mais au nom de la communauté et du lien social.

---

1. Expression empruntée au président de la République. Il s'agit aussi du titre d'un livre de Roger Frison-Roche : *Premier de cordée*, Paris, Arthaud, 1941.

Jusqu'au tout début des années 2000, l'opinion publique ne bougeait pas car elle n'était pas forcément au courant mais, lorsqu'à partir de 2002 les rémunérations furent rendues publiques, elle s'émut des excès. Les indemnités de départ, notamment celles d'un patron dans un contexte de fermeture d'usine, ou bien sa retraite-chapeau de plusieurs centaines de milliers d'euros quand il lui était demandé de partir, choquèrent. Et pas simplement les syndicats les plus remontés contre le patronat, mais les agriculteurs, les artisans, les patrons de petites PME, les retraités, bref un peu tout le monde.

En 1781, Necker mit en cause les dépenses de la Cour et fut évincé pour cela mais Louis XVI, dans le discours à l'ouverture des États généraux, le 5 mai 1789, sans y faire directement allusion, nota qu'il « avait déjà ordonné des dépenses de retranchement considérables ».

Louis XVI avait conscience des excès commis. Et ce fut le début de la Révolution.

Puissent les excès des rémunérations et donc la démesure cesser afin d'éviter des mouvements que nous avons déjà connus et qui, cette fois, pourraient mettre toute la société en danger.

J'ai décidé d'écrire ce livre pour tenter d'apporter une réponse à toutes ces polémiques sur la rémunération des grands patrons mais aussi pour témoigner. De ce qui est acceptable et de ce qui ne l'est pas. Plus exactement, de ce qui ne l'est plus à l'heure d'Internet, à l'heure où on est passé du « pas vu, pas pris, pas grave » au « vu, pris, très grave ».

Introduction

J'ai été consultant pendant trente ans : de 1988 à 1998 au cabinet Hay Management Consultant puis de 1998 à 2018 dans le cabinet Towers Perrin, devenu depuis le groupe Willis Towers Watson.

Durant toutes ces années, j'ai conseillé des grands groupes principalement sur la rémunération de leurs dirigeants et celle du premier d'entre eux.

Le marché des rémunérations a traversé plusieurs périodes : les années 1960 en France étaient marquées par la puissance des syndicats (grève des mineurs en 1963). On ne parlait guère de la rémunération des patrons. Au début des années 1970, c'est l'émergence des cadres qui retenait l'attention. Accéder au statut de cadre ou démarrer sa carrière avec ce statut laissait souvent présager une carrière plus qu'honorable.

La décennie suivante (1980-1990) vit la montée en puissance dans les entreprises des cadres supérieurs et des dirigeants tandis que les ouvriers dont l'effectif baissait, les employés et les agents de maîtrise tentaient de maintenir leur pouvoir d'achat dans un contexte encore souvent inflationniste.

À la fin des années 1980, la chute du mur de Berlin et du communisme en Europe de l'Est laissa un boulevard au libéralisme. Les Anglo-saxons imposèrent comme seul critère la compétitivité pour apprécier la rémunération des principaux dirigeants des groupes et particulièrement celle du premier d'entre eux.

Cette pratique eut un impact sur toute l'Europe continentale, longtemps restée sur ses gardes à côté de son grand voisin à l'Est, devenu moribond. Au baby-boom de l'après-guerre succéda au début des années 1990 le papy-boom aux États-Unis et en Europe. Les fonds de pension américains et les grandes institutions d'assurance anglaises devinrent les maîtres de la capitalisation boursière des groupes cotés en Bourse. Quoi de mieux dans ce contexte que de trouver un terrain d'entente entre l'intérêt de l'actionnaire (les retraités américains notamment) et l'attente des dirigeants PDG/DG? Pour preuve, les dividendes versés en France en 2019 : 63,9 milliards de dollars.

La rémunération du numéro 1 d'un grand groupe coté va ainsi devenir au cours de ces trente dernières années un sujet social, politique, médiatique et émotionnel. Pas seulement en France, mais aussi en Europe et même aux États-Unis.

J'évoque donc dans ce livre ces trente dernières années de la rémunération des grands patrons en France, au cours desquelles il y a eu une envolée de leurs rémunérations.

Pourquoi et comment s'est manifestée cette envolée ?

Au début des années 1990, un décrochage dans les politiques de rémunération des grands groupes apparaît entre la rémunération du sommet et la rémunération moyenne des salariés, du fait notamment de l'introduction d'une part variable puis des stock-options. C'est vrai en France, c'est vrai également en Europe continentale. C'était déjà perceptible au Royaume-Uni et une pratique éprouvée depuis longtemps aux États-Unis.

Principale raison à ce décrochage : la prise de conscience par les actionnaires et les directions générales de leur poids dans la valorisation patrimoniale de leur entreprise. Ces équipes dirigeantes ont été alors perçues comme capables de faire gagner beaucoup d'argent à leurs actionnaires et se sont trouvées en position de force face aux conseils d'administration ou de surveillance *via* les comités des rémunérations pour négocier des rémunérations globales élevées.

Les rémunérations des patrons vont connaître dans un premier temps une envolée sans limite : des parts variables de plus en plus élevées, des stock-options toujours plus agressives, des « bonus d'accueil» dits «*golden hello*», généreux, des retraites à prestations définies dites «*golden handcuffs*[2]», assises sur des rémunérations qui comprennent désormais le salaire et la part variable (1990-2000), enfin des indemnités de départ dites «*golden parachute*», souvent sans conditions.

La publication, au début des années 2000, des rémunérations des dirigeants mandataires sociaux (PDG, directeurs généraux, directeurs généraux délégués ou membres du directoire) en France et en Europe et les études de compétitivité des rémunérations conduites par les groupes pour le *middle management* et les employés font ressortir ensuite les écarts de rémunération entre le sommet et la rémunération moyenne des salariés, voire les rémunérations les plus basses, sans que la publication de ces rémunérations ait une incidence sur leurs niveaux et parfois leurs démesures.

Enfin, des régulations (lois, directives, code de gouvernance) mises en place à partir de la fin des années 2000, censées atténuer les effets pervers de ces écarts que l'opinion ne comprenait pas, s'avèrent souvent insuffisantes. En effet, si les codes sont remaniés régulièrement, les directives européennes et des lois contribuent à réguler davantage

2. C'est-à-dire «menottes dorées», car le dirigeant qui bénéficiait de ces «retraites-chapeaux» devait à cette époque rester dans l'entreprise jusqu'à son départ (en retraite) pour pouvoir en bénéficier.

les politiques de rémunération des grands patrons (nomination d'un administrateur référent en France, évaluation des conseils d'administration, vote à l'assemblée générale de la rémunération des patrons, ratios d'équité). Tout cela colmate les excès sans les empêcher. Il s'agit le plus souvent de rustines. Les gouvernements de Nicolas Sarkozy et de François Hollande (échaudé par l'invalidation par le Conseil constitutionnel de l'impôt spécial à 75 % sur les plus grosses rémunérations) vont laisser à l'Afep, syndicat professionnel des patrons du SBF 120 et émanation du Medef, le soin de mettre de l'ordre dans les pratiques de rémunérations des patrons.

Cet organisme chargé de définir les bonnes conduites va faire le « ménage » mais va aussi « ménager » ce petit monde – et pour cause. Tous ceux qu'il consultera sauront s'adapter à cette envolée des rémunérations. Au fond, soyons clair, « on se mettait un peu à table entre amis » ! Un esprit caustique aurait pu traduire ces concertations par un : Je te tiens, tu me tiens…

Ces envolées sont-elles terminées ?

Dit autrement, est-ce que le sens de la mesure qu'ont eu et qu'ont depuis quelques années certains comités des rémunérations de grands groupes, la plupart des PME, des sociétés familiales (mais pas toutes !) et les mutuelles, va s'imposer ? Quelles seront les conséquences, lorsque le Covid sera derrière nous, de cette crise sur la rémunération des grands patrons dans un monde de plus en plus transparent ?

Telles sont des questions que les comités des rémunérations et les conseils d'administration devront se poser, car il leur faudra élargir leur cadre de réflexion.

Je livre ici ce que j'ai entendu au cours de ces trente dernières années, ce que j'ai vu, constaté en émettant une opinion sur ces rémunérations, leur structure et parfois leur excès ; en disant aussi ce que pourrait être à mon sens une rémunération globalement acceptable et compétitive pour le numéro 1 d'un grand groupe en 2021, dans un monde où plus personne ne peut s'affranchir du regard de l'opinion publique mais où tout le monde doit se rendre compte que le choix d'un patron ambitieux, entrepreneurial, c'est-à-dire avec une vision, un sens du risque et donc une capacité à savoir détecter les opportunités et les talents est clé ; en mettant aussi en garde les organismes professionnels patronaux (Medef, Afep) qui font le minimum pour réguler afin d'éviter que le législateur n'entre en action.

Je rapporte des situations vécues avec des questions parfois sans vraie réponse.

Ce récit s'inscrit bien sûr dans un contexte français bien que les grands groupes évoluent dans un environnement mondial. Dans d'autres pays européens ou ailleurs, confrontés aussi à la mondialisation, la rémunération des dirigeants numéro 1 (PDG ou DG) pose également des problèmes mais n'appelle pas toujours les mêmes réponses qu'en France en raison de leur histoire, de leurs coutumes...

En France, encore marquée par sa révolution, les politiques des gouvernements suivies depuis le congrès de Tours (1920) puis par le Gouvernement provisoire de la République à partir de 1944 par le général de Gaulle et ses successeurs ont toujours recherché à éviter le point de rupture et à favoriser la cohésion nationale : ni trop, ni trop peu. On prélève beaucoup pour redistribuer.

Reste une question : Les grands patrons français sont-ils réellement passés, compte tenu de ce contexte, entre les gouttes ? La référence à l'internationalisation des affaires, à leur complexité, à la nécessaire compétitivité mondiale de la rémunération d'un grand patron a-t-elle été exagérément exploitée, notamment par les comités des rémunérations ?

Aux États-Unis, qui ont moins de deux cent cinquante ans d'existence, le contexte conduit plutôt à se demander : « Qu'est-ce que je dois faire pour réussir » ? C'est le chacun pour soi qui prévaut. Peu d'appel à des références collectives.

Au Royaume-Uni, c'est le droit coutumier qui s'applique avec des traditions ancestrales qui ne permettent guère l'ascension sociale pour celui qui ne naît pas dans un milieu favorisé. D'où un libéralisme dans le monde des affaires quel que soit le gouvernement, avec toujours cette volonté de garder sa spécificité insulaire même si les gouvernements travaillistes ont eu parfois la main lourde avec la fiscalité.

En Allemagne, la multitude de petites entreprises, la forte décentralisation et le système de cogestion occultent souvent les écarts de rémunération. L'opacité est souvent la règle et gare à celui qui est pris la main dans le sac !

Il est fréquent d'entendre que les dirigeants de grands groupes et le premier d'entre eux évoluent dans des groupes qui existaient avant eux et qui existeront après eux, par opposition à ces entrepreneurs qui investissent leur argent dans leurs sociétés ou qui reprennent une société peu florissante. Durant les premières années, pour eux, c'est la hantise des fins de mois pour rémunérer leurs salariés, la crainte de ne pouvoir respecter un échéancier de remboursement ou encore le risque de voir à tout moment leur société mise en sauvegarde, en redressement judiciaire, voire en liquidation.

Dans le cas de la création d'une start-up, le chef d'entreprise engage son capital alors que dans un grand groupe, le dirigeant, recruté à l'extérieur, démarre en recevant des actions gratuites avec des conditions de performance le plus souvent *light*, c'est-à-dire complaisantes. C'est une différence notable, même si ces actions de performance sont censées compenser ce que le dirigeant perd en quittant son entreprise.

A contrario, fixer des axes stratégiques pour un groupe mondial multibranches de plus de cent mille personnes avec un impact sur l'employabilité, sur l'environnement, sur les prestataires, avec la nécessité de gérer le court terme et de s'assurer qu'il ne met pas en cause le long terme, suppose des nerfs d'acier, de très fortes capacités d'assimilation et d'intelligence à côté de celles d'avoir une vision stratégique et de savoir arbitrer, décider vite et bien.

Mais qui osera prétendre que la contribution de ces patrons est aujourd'hui en moyenne dix ou cent fois plus importante que celle de leurs homologues au siècle dernier ?

Je me souviens de cette anecdote racontée par Marc Viénot, président de la Société générale de 1986 à 1995, au cours d'un petit déjeuner il y a quelques années à propos de la rémunération de son successeur : « Au fond Daniel (Bouton) avait la même rémunération que moi, sauf que la sienne était en euros[3]... »

Des excès de rémunérations dans certaines activités sont souvent mis en exergue afin de ne pas

3. Daniel Bouton a été PDG de la Société générale de 1997 à 2008.

culpabiliser des PDG trop gourmands : les rémunérations des traders, les profits tirés des LBO dont bénéficie une toute petite minorité, les gains parfois énormes obtenus par des groupes de *private equity* (investisseurs en fonds propres dans des sociétés non cotées) à qui il a pu être parfois reproché d'asphyxier les sociétés dans lesquelles ils ont pris des participations, sans parler des salaires des footballeurs, des chanteurs ou des acteurs, dont la valeur ajoutée ne peut pas se comparer à celle de patrons de grands groupes.

J'y reviendrai à la fin de cet ouvrage.

Tout cela est vrai. Reste une exigence sur la gestion du couple contribution/rétribution dans un groupe grand ou petit, coté ou non coté, familial, mutualiste : celle de l'équité. Certains groupes mutualistes qui performent magnifiquement en ont fait une des valeurs de leur politique de rémunération.

Cette contrainte d'équité a été souvent battue en brèche en France, comme dans les autres pays, pour la rémunération des patrons de grands groupes au cours des trente dernières années au profit de la seule compétitivité. Qui peut le nier ?

Certains acquiesceront à mes constats et à mes recommandations, d'autres les contesteront. D'aucuns pourront aussi se demander qui est habilité à parler sereinement et sainement de ce sujet et à faire des suggestions ou recommandations. C'est logique. Je n'ai pas tout vu, loin de là, mais suffisamment pour avoir une opinion et la relater.

Je raconte dans une annexe de ce livre comment j'ai appris à évaluer un dirigeant.

Aucune malveillance de ma part dans ce récit, du moins je l'espère, et si je cite les réactions de certains dirigeants à un moment donné, il faut les restituer dans le contexte de l'époque car au fil du temps, les questions qui se sont posées aux comités des rémunérations mais aussi aux sociétés de conseil, chargées de les accompagner, ont évolué et changé de nature :

- Les salaires des patrons de 1990 à 2019 se sont-ils envolés ?
- Payer les patrons pour ce qu'ils font ou pour ce qu'ils sont : la performance en question ?
- Les stock-options ou les actions gratuites : juste récompense ou dérive ?
- Les retraites « chapeau » : prime à la fidélité ou abus ?
- Les indemnités de départ d'un dirigeant : lot de consolation ou juste rétribution ?
- Les outils pour réduire l'impôt des patrons et plus globalement des dirigeants : quelle justification ?
- Les rémunérations des grands patrons comparées à celles des Traders, de Neymar et Mbappé ? Comparaison est-elle raison ?
- À quelle condition une rémunération d'un patron est-elle juste et raisonnable ?

- La publication de l'ensemble de la rémunération d'un patron : avant ou après impôt ?
- Quelle rémunération demain pour un grand patron du CAC 40 ?

Ce sont toutes ces questions, posées régulièrement, et cette histoire vécue au cours de ces trente dernières années que je voudrais vous faire revivre.

Lorsque j'ai décidé d'écrire ce livre, j'ai contacté le consultant qui avait été mon homologue chez Willis Towers Watson aux États-Unis. Je lui ai fait part de mon projet et lui ai demandé de m'adresser le taux marginal de l'impôt sur le revenu des CEOs américains (c'est-à-dire les PDG ou DG groupe) depuis 1932 (élection de Franklin Roosevelt à la présidence des États-Unis et début du New Deal) jusqu'à maintenant. Ces taux marginaux sont montés de 25 % en 1931 à 91 % en 1940 et sont restés à ces niveaux jusqu'en 1964 (70 %). C'est Ronald Reagan qui, après son élection en 1980, a ramené ce taux marginal, progressivement jusqu'à 28 % (1988).

Aux États-Unis, pendant cette période (1932-1980), faisait fortune l'entrepreneur, celui qui investissait son argent propre. Le CEO d'un grand groupe restait un gestionnaire, gagnait bien sa vie avec quelques avantages annexes et ce groupe qui existait avant lui était censé exister après lui. Les comités exécutifs, les comités de direction générale élargis, les conseils d'administration étaient là pour soutenir le CEO mais aussi pour l'alerter...

C'est aussi dans les années 1930 qu'Henry Ford évoquait ces fameux écarts de rémunération qui devaient aller de 1 à 40 maximum, de la base au sommet.

Avertissement

Un peu de clarification sur les mots et expressions employés :

Le patron et les principaux dirigeants

Le patron, c'est le président-directeur général (PDG), mais c'est aussi le directeur général (DG) lorsqu'il n'y a plus de PDG (mais à la place un président du conseil d'administration) ; c'est également le président du directoire (lorsque la société a adopté cette forme de gouvernance).

Ceux que l'on appelle dans l'entreprise les mandataires sociaux sont le PDG ou le DG, les directeurs généraux délégués qui rapportent au PDG ou au DG, les membres du directoire (dont le président du directoire) et les administrateurs. Tous ces mandataires sociaux ont une responsabilité pénale.

La rémunération

Au lieu de parler de rémunération de base ou de salaire de base, c'est le terme **salaire** qui est employé. Celui que tout le monde connaît et reçoit chaque mois.

Toutefois, pour le patron comme pour les dirigeants et d'autres personnes, la rémunération ne se limite pas à ce seul salaire perçu douze fois dans l'année. Loin de là.

Il y a également ce que l'on appelle la part variable liée aux résultats annuels et qui se traduit par un « bonus ». On parlera de bonus lié à la performance du groupe et du dirigeant.

Il y a ensuite les stock-options, qui ont été remplacées progressivement (le plus souvent) par les actions gratuites, attribuées annuellement (ou presque toujours). Après le salaire et la part variable dit bonus, c'est le troisième étage de la fusée !

Pour devenir propriétaires de ces actions attribuées gratuitement, il faut, au terme de trois années consécutives (c'est le délai le plus courant dans les sociétés cotées), avoir réalisé des performances sur les indicateurs/objectifs qui ont été retenus. Selon la réalisation, le dirigeant obtient totalement ou partiellement le nombre d'actions en année N+3, qui lui ont été attribuées au cours de l'année N. Parfois il n'en a pas, mais c'est rare.

Il y a enfin la retraite supplémentaire des patrons, dite jusqu'à ces dernières années « retraite-chapeau » qui permet aux bénéficiaires de partir à la retraite, au-delà du régime général (Sécurité sociale + Agirc-Arrco), avec un pourcentage de leur dernier salaire et de leur part variable (bonus) calculés sur la moyenne des trois dernières années. Cette retraite dite chapeau a été réformée récemment et reste entièrement financée par l'entreprise.

Les indemnités et les clauses de non-concurrence

Voici les indemnités qu'un dirigeant et *a fortiori* le premier d'entre eux peut percevoir.

- L'indemnité d'accueil (appelée «*golden hello*») est la condition que met le dirigeant recruté à l'extérieur pour venir prendre le «job». En étant chassé à l'extérieur, il fera valoir qu'en quittant son entreprise, il doit renoncer à ses actions, voire à une retraite supplémentaire promise et parfois pratiquement acquise. Pour compenser ces pertes, il demandera pour être recruté une indemnité d'accueil.
- L'indemnité de départ est la protection que demande le dirigeant au moment où il est nommé au cas où il lui serait demandé de partir. Il n'y a en effet pour le dirigeant, dit mandataire social (c'est-à-dire responsable pénal le cas échéant), aucune protection prévue comme le préavis pour le salarié. Il est révocable *ad*

nutum, c'est-à-dire sur-le-champ, sans justificatif et sans indemnité.

Pour éviter de voir leurs dirigeants partir à la concurrence avec les risques que cela comporte (secret des affaires, nouveaux projets, etc.), les grands groupes peuvent décider d'insérer dans le contrat de ces dirigeants une clause de non-concurrence. La clause de non-concurrence consiste tout simplement à verser, en contrepartie de l'acceptation par le dirigeant de cette « restriction » de mouvement, une indemnité dans l'année qui suit son départ de l'entreprise.

Cette indemnité est encadrée afin de ne pas dépasser un montant trop important (indemnité de départ + clause de non-concurrence au maximum : 24 mois de salaire + part variable).

Il y a eu et il y a encore parfois, mais c'est de plus en plus rare, ce que l'on appelle les « *split payroll* » (salaire perçu dans un autre pays que le pays de résidence) et les « *split-fees* » (jetons de présence perçus dans un autre pays que le pays de résidence). Ce sont des moyens pour des dirigeants dont les groupes ont des filiales à l'étranger, qu'ils visitent régulièrement, d'y percevoir des rémunérations. Ils y sont imposés en tant que non-résidents fiscaux français à des taux forfaitaires généralement bas et certaines conventions internationales leur permettent d'optimiser leur rémunération nette disponible (c'est-à-dire après impôt) par un savant calcul...

Il y a (mais il n'y en a plus pour les dirigeants mandataires sociaux, c'est-à-dire les patrons notamment) les indemnités d'expatriation calculées sur le nombre de nuits passées à l'étranger (art. 81 A II du Code général des impôts).

Le benchmark de rémunération

Il s'agit non pas d'une enquête de salaires (multitudes de sociétés) mais d'une étude destinée à indiquer la compétitivité de la rémunération du dirigeant par rapport à ses homologues. Cette étude est effectuée à partir d'un panel de groupes sélectionnés (forcément limité), présentant des similitudes en termes de chiffre d'affaires, de capitalisation boursière et de nature d'activités avec le groupe qui souhaite positionner le niveau et la structure de la rémunération de son dirigeant (ou de ses dirigeants) par rapport à ses homologues.

Là où une enquête va utiliser un large échantillon sans faire les distinctions requises, le benchmark va donc être beaucoup plus sélectif.

Dit autrement, du prêt-à-porter pour une enquête de rémunération avec des imprécisions inévitables et du cousu main pour le benchmark. À condition bien entendu, dans ce cas, que ce panel comprenne pour les mêmes fonctions (PDG), des caractéristiques pas trop éloignées en termes de parcours : ancienneté dans la fonction du dirigeant, performances cumulées, contexte… et ce, afin que les comparaisons ne soient pas biaisées. Ceci suppose donc une sélection fine du panel validée par le comité des rémunérations.

Chapitre 1

LES SALAIRES DES PATRONS DE 1990 À 2019 SE SONT-ILS ENVOLÉS ?

Dès le début des années 1980, une majorité de grands groupes français avait souhaité mettre en place des critères objectifs basés sur les responsabilités occupées dans l'entreprise pour justifier les salaires du sommet à la base. De ce fait, il était possible de comparer les salaires entre les entreprises pour des fonctions de même niveau de responsabilités. Les principaux cabinets de conseil (HAY, Hewitt, Towers Perrin) avaient monté des services d'enquêtes de salaires des dirigeants, des cadres et non cadres. Ils n'étaient pas toujours renseignés sur le salaire des patrons et encore moins consultés lorsqu'il s'agissait de le fixer par rapport au marché ! Toutefois l'accès à l'information ne relevait pas de l'impossible lorsque le cabinet était chargé d'effectuer des calculs actuariels sur les coûts que pouvait représenter la retraite supplémentaire d'un dirigeant et a fortiori du premier d'entre eux.

LES SALAIRES DES GRANDS PATRONS AU DÉBUT DES ANNÉES 1990 : COMMENT ÉTAIENT-ILS DÉFINIS ?

Les salaires des PDG (ou présidents de directoire) dans les grands groupes, en ce début des années 1990 étaient assez resserrés.

Si les comités des rémunérations, chargés notamment de s'occuper du salaire du PDG, n'étaient pas encore officiellement créés en France (c'est le rapport Viénot en 1995 qui leur donnera une onction définitive), ils existaient déjà dans certains groupes. Dans ceux qui ne s'en étaient pas dotés, la fixation du salaire du PDG et du dirigeant le plus important après lui (directeur général adjoint, membre du directoire) était réglée par un administrateur habilité par le conseil d'administration ou par un petit comité, pas toujours formalisé, composé d'administrateurs reconnus comme des « sages ». Tout cela en contact étroit avec le « chasseur de têtes » lorsque le candidat pressenti venait de l'extérieur.

Jean-Marie Descarpentries, à la tête de Carnaud-Metalbox (CMB), percevait en 1993 un salaire annuel, fixé par la CGIP (Wendel aujourd'hui), l'actionnaire de CMB, de 4 millions de francs (soit 610 000 euros). Il n'avait pas de part variable annuelle (ou bonus) liée aux résultats de la société ni d'intéressement à long terme.

Pas de part variable annuelle non plus pour Pierre Blayau qui présidait le directoire de PPR. Son salaire était de 5 millions de francs (762 000 euros) et lorsque je lui demandais à l'issue d'un entretien en octobre 1993 s'il ne serait pas pertinent de lui verser un peu moins en salaire avec une part variable liée à sa performance, il me répondit du tac au tac : « Mais, une part variable, je pourrais la manipuler facilement avec les provisions »... Puis : « Vous me dites qu'il y a des groupes qui verseraient des bonus à leurs dirigeants, vous me faites regretter de ne pas avoir demandé un salaire de 7 millions de francs [soit 1 070 000 euros] ! »

Le PDG de la Société générale, Marc Viénot, avait en 1993 un salaire de 4,2 millions de francs (640 000 euros) porté ensuite à 4,5 millions (686 000 euros) puis à 5 millions (762 000 euros) avant son départ en 1997. Il recevait un bonus annuel et des stock-options. Idem pour Michel Pébereau à la BNP, récemment privatisée et Philippe Jaffré chez Elf dont les salaires en 1993-1995 se situaient à 4 millions de francs (610 000 euros).

À la Compagnie de Saint-Gobain, Jean-Louis Beffa avait un salaire annuel en 1995 de 5 millions de francs (762 000 euros). Je contactai son secrétariat un matin vers 8 h 15 pour tenter un rendez-vous et, surprise, je tombai directement sur lui. Nous convînmes de nous rencontrer. Je réunis ainsi les différents éléments de sa rétribution qui me permirent petit à petit de compléter ma base de données et de le positionner. Il recevait au titre de l'exercice de l'année précédente un bonus de 3 millions de francs (457 000 euros) mais sur ses stock-options, c'était silence absolu. Je m'engageai vis-à-vis de lui à ne rien dévoiler à l'extérieur et simplement à faire ressortir, le cas échéant, pour des numéros 1, les niveaux hauts, les niveaux moyens et les niveaux bas des salaires ainsi que les bonus.

À la traîne, le salaire du président du directoire de PSA qui avait pourtant fait scandale en 1989 à la suite de la publication par un journal satirique de l'augmentation de son salaire en deux ans de 46 %. Avec 2,3 millions de francs de salaire (350 000 euros), Jacques Calvet fermait pourtant la marche. Lorsque nous le rencontrâmes avenue de la Grande-Armée pour évaluer la compétitivité des rémunérations de son équipe de direction et conduire une étude sur la rétribution de ses cadres, nous lui indiquâmes son retard en salaire par rapport au marché. Il s'en étonna presque tant la révolte de syndicats et la médiatisation sur sa dernière augmentation l'avaient déstabilisé. Il eut ce mot : « Vous êtes rafraîchissant… »

Dans ces grands groupes, particulièrement dans le CAC 40, au milieu des années 1990, on trouvait donc une grande majorité de salaires entre 3 et 5 millions de francs (entre 450 000 et 750 000 euros) avec une moyenne autour de 4 millions de francs au moins pour les très grands groupes. Les parts variables qui venaient en plus ne s'étaient pas encore généralisées. Le salaire de Lindsay Owen-Jones, le PDG de L'Oréal, était déjà largement au-dessus de ces niveaux et était totalement verrouillé. Gare à celui qui, le sachant, parlait à l'extérieur, m'indiqua le sympathique directeur de la gestion des dirigeants de L'Oréal, Henri Mas !

Il y avait en quelque sorte un plafond en France pour les salaires des PDG à 5 millions de francs (à l'exception de celui du PDG de L'Oréal), qui existait également aux États-Unis, à 1 million de dollars.

Le Code fiscal américain sous Bill Clinton en 1994 avait en effet limité la déductibilité des salaires au-delà d'1 million de dollars dans la mesure où ils n'étaient pas assortis de conditions de performance.

Lorsque les comités des rémunérations commencèrent à se développer dans les grands groupes, la pratique voulait que les membres de ces comités aient une grande liberté d'action pour faire une ou des recommandations au conseil d'administration sur le salaire du PDG et des autres mandataires sociaux. Dans la réalité, ça ne fut pas vraiment le cas, le PDG avait encore son mot à dire ! Ainsi…

1996 : PRIVATISATION DES AGF

Antoine Jeancourt-Galignani (AJG), qui était le PDG des Assurances générales de France (AGF), fut chargé de sa privatisation. Il me demanda de venir le rencontrer. Il voulait savoir quel pourrait être son package de rémunération ainsi que celui de deux de ses directeurs généraux une fois les AGF privatisées. Jusqu'à présent il disposait, tout comme ses deux collaborateurs directs, d'une rémunération comparable à celle qui était versée à des dirigeants de groupes à capitaux publics : un salaire fixe et le plus souvent une prime annuelle récurrente. Très en deçà du marché des sociétés privées cotées !

Le pittoresque aux AGF était qu'AJG percevait un salaire fixe de 1,3 million de francs (200 000 euros) tandis que ses deux directeurs généraux avaient un fixe d'1,65 millions de francs (250 000 euros). Quant à la part variable, elle était de 123 000 francs (19 000 euros) pour AJG et de 300 000 francs (46 000 euros) pour chacun de ses deux collaborateurs. Comprenait qui pouvait !

AJG disposait néanmoins d'un total supérieur à chacun de ses deux plus proches collaborateurs grâce à des jetons de présence perçus dans les filiales du groupe.

Dans ce type de situation (passage d'une société nationalisée à une société cotée en Bourse) le benchmark de rémunération n'allait pas de soi !

Nous fûmes donc confrontés à un contexte qu'il fallait traiter en opérant des rapprochements.

L'étude me conduisit à exclure AXA qui ne rémunérait que la performance et à formuler une proposition : la fonction de PDG des AGF pouvait se situer entre la fonction du PDG d'une très grande banque française (BNP ou Société générale) et celle d'une banque indépendante de taille plus modeste comme celle du CCF qui allait devenir en 2002 HSBC France.

AJG accepta l'idée. Je suggérai pour lui un salaire de 3,2 millions de francs (avant la part variable) soit 490 000 euros et 2 millions de francs soit 305 000 euros pour ses deux directeurs généraux. La rémunération totale monétaire était plafonnée à 5 millions de francs (762 000 euros) pour AJG et à 3 millions de francs (457 000 euros) pour ses deux directeurs généraux. Le comité des rémunérations, que présidait le prudent Yves Cannac, entérina l'étude, validée ensuite par le Conseil.

Quelques semaines plus tard, je reçus un courrier d'AJG qui m'indiquait de manière prompte qu'un autre cabinet spécialisé dans les assurances disposait de benchmarks infiniment plus agressifs pour des patrons de compagnie d'assurances.

Toute lettre de ce genre appelait une réponse. Je décidai donc d'appeler AJG. Au téléphone, après un échange de politesse, cela allait sans dire, j'entendis AJG me dire : « Dans les couloirs des AGF, monsieur Le Chevalier, c'est : Chiffons rouges !

Mes deux directeurs généraux sont également furieux... »

Et pourtant, nous nous revîmes plus tard lorsque AJG devint président du conseil d'administration de Gécina... L'affront, avait, alors été digéré, semble-t-il !

1997 : Daniel Bouton succède à Marc Viénot comme PDG de la Société générale

À la Société générale, changement de président en 1997.

Nous nous réunîmes dans le bureau de Philippe Citerne qui assurait alors la direction des ressources humaines de la Société générale sous Marc Viénot. L'objectif de cette réunion était notamment de définir le rationnel du salaire du nouveau PDG, Daniel Bouton, et de s'assurer qu'il était d'accord avant de faire valider l'ensemble de la recommandation par le comité.

Au cours de la réunion préparatoire, il fut convenu que le taux de bonus et le nombre d'options attribuées chaque année au PDG seraient les mêmes que ceux attribués à son prédécesseur, les objectifs du groupe restant comparables. En revanche, pour le salaire, je soulignais que le salaire de Marc Viénot, au moment de son départ en retraite, s'élevait à 5 millions de francs (762 000 euros) et qu'il était d'usage, dans le cadre d'une promotion interne, de prévoir une montée progressive de ce salaire au fur et à mesure que le PDG maîtrise quelques aspects comportementaux jugés critiques pour la bonne tenue de la fonction. Ainsi, j'argumentais que sur le marché il était couramment observé que deux à trois ans étaient souvent considérés comme requis avant que le PDG n'atteigne la cible de la fonction. Dans le cas de la Société générale, les études comparatives établissaient sur le marché un niveau de salaire bas légèrement en deçà de 4 millions de francs (610 000 euros) et un niveau haut qui ne dépassait pas 5 millions de francs (762 000 euros), la cible c'est-à-dire finalement la médiane du marché se situant à 4,5 millions de francs (686 000 euros).

Philippe Citerne convint que 3,5 millions de francs serait un peu court, que 3,75 millions de francs n'étant pas un chiffre rond, 4 millions de francs serait adapté, le salaire de Daniel Bouton en tant que directeur général adjoint (et numéro 3 de la SG derrière Marc Viénot et J.-P. Delacourt) se situant alors à 2,3 millions de francs (350 000 euros).

Nous nous retrouvâmes donc, quelques jours plus tard, au nouveau siège de la Société générale à la Défense. Après avoir traversé un ou deux sas, nous pénétrâmes dans le bureau du président. J'indiquais rapidement qu'il existait deux pratiques pour la fixation du salaire d'un nouveau PDG : soit ce dernier venait de l'extérieur et dans ce cas, c'était la loi du marché qui prévalait (souvent le salaire demandé était compétitif et se situait au minimum au niveau de la médiane) ; soit le nouveau PDG faisait l'objet d'une promotion en interne, ce qui était le cas, et des étapes étaient donc prévues avant qu'il n'atteigne la cible. C'était notamment la pratique d'Air liquide et de Lafarge...

Visiblement, Daniel Bouton n'appréciait pas cette alternative. Il réagit instantanément : « Un PDG doit tout de suite être bon et remplir les objectifs qui lui sont assignés, comme pour son prédécesseur ; sinon il faut le changer. » Donc, poursuit-il et conclut-il « c'est le salaire cible, médian, si vous voulez, qui doit être la règle ».

La messe était dite. C'était donc 4,5 millions de francs. Le comité entérina. Le conseil valida. Le salaire était fixé.

Déjà à l'époque, l'utilisation qui était faite des benchmarks (c'est-à-dire l'analyse comparative des pratiques de rémunérations à partir d'un panel de groupes) pouvait entraîner un alignement par le haut des rémunérations et n'était pas forcément saine. Mais l'échelle de perroquet[4] à laquelle on associait fréquemment le travail du consultant n'était pas toujours du fait de ce dernier !

---

4. L'augmentation de la rémunération d'un dirigeant, mécaniquement, accroît la rémunération moyenne (et souvent médiane) des dirigeants du panel. C'est le syndrome de « l'échelle de perroquet » où chacun est pris dans une logique de surenchère.

1998 : Noël Forgeard va diriger le consortium Airbus

Noël Forgeard qui était le directeur général de Lagardère SCA et président exécutif de Matra hautes technologies fut pressenti pour diriger le consortium Airbus, dont l'État français était l'un des principaux actionnaires (à travers l'Aérospatiale). La négociation de son salaire fut confiée à René Chabod qui dirigeait les ressources humaines de l'Aérospatiale.

René Chabod me reçut boulevard de Montmorrency et ne me cacha rien de la délicatesse de la mission : «Yves Michot qui est le PDG de l'Aérospatiale (actionnaire de référence d'Airbus) ne perçoit par an qu'1,2 million de francs (soit 183 000 euros). Or, vous vous doutez bien que Noël Forgeard venant de Lagardère pourrait avoir des exigences beaucoup plus fortes dans le cadre de ses nouvelles fonctions. Votre prestation aura pour mission de nous faire un état du marché avec une recommandation, sachant que votre étude sera adressée à Bercy qui tranchera ! »

J'obtins non sans peine le montant des émoluments de Noël Forgeard chez Lagardère sans avoir la certitude de disposer dans les éléments qui m'avaient été communiqués de l'ensemble des informations salariales.

Les études de benchmark, conduites pour un numéro 1 dans des groupes à capitaux publics, faisaient effectivement ressortir des niveaux de salaire proches de celui d'Yves Michot. En revanche, les salaires dans des groupes privés de la taille du futur consortium d'Airbus s'élevaient au minimum à 4 millions de francs (610 000 euros) avec en sus une part variable conséquente et des stock-options.

L'étude, que je préparais, décrivait les pratiques observées en différenciant les groupes à capitaux publics et les groupes privés, cotés en Bourse. Nos recommandations omettaient volontairement de mentionner la partie stock-options.

Nous proposâmes pour Noël Forgeard le minimum de 4 millions de francs de salaire et une part variable annuelle représentant, à objectifs atteints, 50 % du salaire fixe. C'était légèrement au-dessous des pratiques observées pour un tel groupe européen.

Lionel Jospin donne son accord sur le package de rémunération de Noël Forgeard

Le dossier partit à Bercy et quelques semaines plus tard, j'appelai René Chabod pour savoir où nous en étions. Il répondit : « Je viens d'appeler Bercy. Ce dossier est une vraie patate chaude. Dominique Strauss-Kahn l'a repassé à Matignon ! »

Quelques jours plus tard, je rencontrai René Chabod qui, souriant, me montra le courrier reçu du Premier ministre (Lionel Jospin) sur notre recommandation. Dans la marge : « OK » avec le paraphe « L.J. » !

Le Parti socialiste et le gouvernement étaient définitivement convertis à l'économie de marché si d'aucuns en avaient encore des doutes !

Noël Forgeard accepta ce package de rémunération. Pour les stock-options, dont il n'était pas dit qu'il les avait perdues en quittant Lagardère, il devrait attendre.

Les comités des rémunérations se généralisent

À partir des années 2000, presque tous les grands groupes cotés s'étaient dotés de comités des rémunérations. La publication des rémunérations contraignait les comités à clarifier leurs recommandations. L'élaboration de codes de gouvernance, un peu plus tard, allait édicter des recommandations que la plupart des groupes s'efforçaient de respecter pour la fixation du salaire des dirigeants mandataires sociaux et leur évolution. Toutefois, les départs précipités de certains patrons, pas forcément anticipés, et l'arrivée de leurs successeurs obligeaient les comités ou leurs représentants à agir vite.

Ce fut aussi à partir de ce changement de millénaire caractérisé par une forte croissance qui avait démarré dès 1998 en France et en Europe et qui s'atténuera en 2002 peu après la naissance de l'euro que les salaires des grands patrons du CAC 40 allaient faire un saut puis se stabiliser. Curieusement au moment du passage à l'euro !

2002 : Jean René Fourtou remplace Jean-Marie Messier à la tête de Vivendi

Jean René Fourtou, qui présida Rhône-Poulenc et réussit magnifiquement à opérer, au sein de ce groupe, une rotation dans les métiers, fut pressenti pour succéder à Jean-Marie Messier, Vivendi étant en défaut de paiement. Il était celui sur le marché qui remplissait toutes les cases.

Il annonça qu'il ne voulait ni salaire ni variable mais seulement un million d'options d'actions. Le cours de Vivendi était tombé à près de 10 euros.

Finalement, le comité décida de fixer son salaire à 1 million d'euros, son bonus à 150 % de ce salaire à objectifs atteints et à 250 % maximum si les objectifs étaient largement dépassés. En outre, il lui fut attribué 1 million d'options d'actions à un prix évidemment très bas.

Le package était très compétitif mais les enjeux étaient considérables car il devait vendre des branches stratégiques du groupe pour assurer à court terme sa survie et à long terme sa pérennité. Le groupe conservait toutefois quelques beaux bijoux et la suite allait le confirmer !

2009 : CHANGEMENT DE PRÉSIDENT DE DIRECTOIRE CHEZ WENDEL

Chez Wendel, les déboires causés par l'investissement dans Saint-Gobain conduisirent le conseil de surveillance à changer le président du directoire. François de Wendel, qui présidait la société de participation familiale, rappela au comité de gouvernance que le groupe, au bord de la banqueroute, n'était plus du tout ce qu'il était et qu'il n'était plus question d'investir à court terme voire à moyen terme. Autrement dit, le nouveau directoire devait être beaucoup plus modeste dans ses prétentions. «L'objectif est de sauver le groupe en renégociant au mieux sa dette», conclut François de Wendel. Ce qui était en voie.

Le salaire (fixe) de Jean-Bernard Lafonta qui présidait le directoire était de 1,2 million d'euros avec en plus un bonus, des stock-options et des actions gratuites.

J'appris peu de temps après la décision prise par le conseil de surveillance de se séparer de Jean-Bernard Lafonta que Frédéric Lemoine, membre du conseil de surveillance de Wendel, allait remplacer. J'appelai le président du comité de gouvernance, Didier Cherpitel, afin de lui demander quel salaire avait été retenu pour Frédéric Lemoine.

Réponse: «1,2 million d'euros.» Je m'étonnai de ce niveau déjà considéré par le comité de gouvernance comme trop élevé pour son prédécesseur et qui ne correspondait pas à la situation de Wendel, décrite lors du dernier comité de gouvernance. Réponse : « C'était une exigence de Frédéric Lemoine, non négociable et son argument était qu'il n'y avait aucune raison pour qu'il ait moins que son prédécesseur. » Il ajouta qu'il ne fallait pas que l'opinion publique (Wendel étant coté en Bourse) ait le sentiment quelque part que Wendel avait « rétrogradé ».

Le comité n'avait guère eu la main et l'urgence avait fait que le candidat pressenti s'était tout de suite vu comme la perle rare, d'autant qu'il connaissait, en tant que membre du conseil de surveillance, « la boutique ».

2014 : Succession de Christophe de Margerie à la tête de Total

Autre décision prise rapidement : le salaire du successeur de Christophe de Margerie, PDG de Total.

Lorsque, le mardi 21 octobre 2014 à 6 heures du matin, je lus sur mon téléphone que Christophe de Margerie avait trouvé la mort à Moscou dans un accident d'avion, je fus, comme tous ceux qui l'avaient approché, bouleversé par cette information, tant il était apprécié de ses collaborateurs et partenaires. À 8 h 30, René Chappaz (directeur de la gestion des dirigeants chez Total) qui était l'un de ses proches collaborateurs, m'appela et me demanda en urgence une étude sur la rémunération d'un numéro 1 dans un groupe comme Total, « qu'il soit directeur général rapportant à un conseil d'administration ou PDG ». À ce moment-là, le salaire (hors part variable et actions) de Christophe de Margerie était d'1,5 million d'euros.

Christophe de Margerie ayant fait repousser par l'assemblée générale au printemps précédant son départ à la retraite, il existait alors une inconnue (encore que…) sur sa succession mais dans le contexte du moment, Patrick Pouyanné tenait largement la corde. Il avait dirigé l'Exploration Production qui restait une voie royale pour décrocher la fonction. Il venait certes d'Elf ce qui aurait pu être un handicap mais ne l'était plus car la fusion avait été « totalement » digérée.

Patrick Pouyanné qui était, le jour de la mort de Christophe de Margerie, patron du Raffinage Marketing, et bien sûr membre du comité exécutif, avait un salaire qui n'était à l'époque pas vraiment compétitif pour cette fonction. Il s'élevait à 520 000 euros. Or, le salaire (niveau haut) d'un grand patron du CAC 40 (hors variable) ou encore le salaire moyen du CAC 12 (les douze plus grands groupes du CAC 40 en termes de capitalisation boursière/chiffre d'affaires) se situait à 1,2 million d'euros. Il fut décidé de fixer à 1,2 million d'euros le salaire de Patrick Pouyanné qui devint aussitôt directeur général du groupe. Thierry Desmarest, qui présidait le comité des rémunérations, fut rappelé pour présider le conseil d'administration pendant un an. Au-delà de cette période, il était prévu que Patrick Pouyanné devienne le PDG. Ce qui arriva.

Au cours de cette période, 2000-2015, les salaires se stabilisèrent rapidement à 1 million d'euros en moyenne, le niveau bas se situant à 800 000 euros et le niveau haut, à 1,2 million d'euros. L'Europe s'était alignée sur les pratiques américaines et même parfois les dépassait sur le seul salaire en raison du décrochage du dollar par rapport à l'euro.

Dissociation de la fonction de PDG : directeur général et président du conseil d'administration

Jusqu'en 2001, le patron d'un groupe, c'était le PDG (ou le président du directoire pour les sociétés qui avaient adopté ce type de gouvernance). PDG, cela voulait dire et cela veut toujours dire qu'il était à la foi directeur général (DG) et président du conseil d'administration. À partir de 2001, une loi[5] permit aux sociétés de séparer en deux la fonction de PDG. D'un côté le directeur général qui dirigeait les activités opérationnelles et de l'autre le conseil d'administration qui validait la stratégie et contrôlait sa mise en œuvre avec à sa tête un président.

5. Loi NRE du 15 mai 2001.

L'imprécision de la loi de 2001 cependant n'exonérait pas le président du conseil d'administration de toute responsabilité en cas de défaillance de l'exécutif opérationnel. C'est ce que m'expliqua Alain Joly, PDG d'Air liquide, qui allait prendre la présidence du conseil de surveillance d'Air liquide et non la présidence du conseil d'administration. « Cette dissociation des fonctions, me dit-il, ne permet pas d'assimiler le président du conseil d'administration à son homologue au Royaume-Uni (*chairman non executive*) où la clarification des rôles est formalisée sans ambiguïté. Au contraire, conclut-il, avec un conseil de surveillance, les rôles impartis sont très clairs. »

Pendant les premières années où la dissociation des fonctions fut la forme de gouvernance retenue par certains groupes en France (BNP Paribas, Sanofi, Essilor, Total, Saint-Gobain...), le directeur général groupe était considéré comme le patron opérationnel mais pas tout à fait comme le patron du groupe. Surtout lorsque son prédécesseur en avait été le PDG et souhaitait en conserver la présidence du conseil d'administration.

Le salaire du directeur général se situait souvent à 90 % de celui du PDG qu'il remplaçait. Cependant, dans certains groupes, le directeur général avait le même salaire que celui de son prédécesseur qui en était le PDG. C'était le cas chez Carrefour (Lars Olofsson) et chez Sanofi

(Chris Viehbacher) dont les deux directeurs généraux venaient de l'extérieur.

Le salaire du président du conseil d'administration dépendait de son profil. S'il venait de l'extérieur et si son rôle se limitait à présider le conseil d'administration avec une implication d'une journée maximum par semaine, son salaire pouvait osciller entre le montant de deux jetons de présence et environ 200 000 euros. S'il venait de l'extérieur, n'était guère interchangeable au sein du conseil car disposant d'une « aura » particulière avec une forte implication hebdomadaire, ce salaire pouvait varier entre 300 et 500 000 euros.

Il y avait aussi des exceptions. Serge Weinberg qui n'avait jamais touché à la pharmacie, président de Sanofi à partir de 2010, percevait 700 000 euros par an. Il jouait un rôle non négligeable dans la stratégie du groupe, qui n'avait rien à voir avec le rôle d'un *chairman non executive* au Royaume-Uni.

Cependant, la situation la plus couramment observée était celle où le président du conseil d'administration était l'ancien PDG. Son salaire (forcément réduit par rapport à celui qu'il percevait en tant que PDG) se situait fréquemment à 60/80 % (parfois 90 %) de celui du directeur général. Dans ce cas de figure, il s'impliquait principalement sur la croissance à long terme du groupe, sur ses acquisitions ou cessions éventuelles, sur les relations avec les pouvoirs publics et bien entendu sur le bon fonctionnement du conseil. Il était, au début de la dissociation des fonctions, éligible au bonus, voire à l'intéressement à long terme. C'était le cas de Thierry Desmarest chez Total, de Jean-Louis Beffa à Saint-Gobain et de Michel Pébereau à BNP Paribas…

Leur implication était quotidienne, nous disait-on, et tout le démontrait à l'époque.

J'interrogeais un jour le DRH de la BNP sur le rôle exact que jouait Michel Pébereau, président du conseil d'administration, qui, à la suite d'une acquisition majeure de la Banque en Italie, pour laquelle il avait eu un impact majeur, semblait rester opérationnel. Comme je lui indiquais qu'il devrait reporter à Baudouin Prot qui était le directeur général, je n'obtins comme réponse qu'un sourire gêné. Si le directeur général reportait au conseil d'administration, le président de ce dernier pouvait difficilement reporter au directeur général ! Comme quoi, ce début de dissociation des fonctions n'était pas toujours d'une limpidité totale et n'était en tout cas pas modelé sur la gouvernance anglaise…

Il faudra souvent attendre la fin des années 2000 pour que ces présidents de conseil d'administration (anciennement PDG) renoncent à leur bonus, à leurs stock-options ou à leurs actions de performance et limitent principalement leur action à animer le conseil, à présider des comités spécialisés (notamment le comité stratégique) et à gérer les relations avec les pouvoirs publics. Sur les recommandations, il faut le reconnaître, de l'AFEP.

Les benchmarks pour fixer la juste rémunération d'un président de conseil d'administration ne pouvaient donc pas suffire. Tout d'abord parce que cette dissociation des fonctions était loin d'être majoritaire dans les groupes et ensuite parce que chaque cas était différent selon le rôle qui était dévolu à ce président du Conseil.

Difficulté supplémentaire à gérer pour les conseils appelés à la rescousse : Comment benchmarker entre ceux qui ont fait valoir leurs droits à la retraite et ceux qui disposent d'une retraite-chapeau non encore libérée. La recommandation finale des comités des rémunérations, selon les situations, pouvait être différente.

2006 : CHANGEMENT DE MODE DE GOUVERNANCE CHEZ L'ORÉAL

En 2006, Jean-Paul Agon fut nommé directeur général de L'Oréal et Lindsay Owen-Jones (LOJ), qui en était le PDG, prit du recul en conservant la présidence du conseil d'administration. À l'époque le salaire de LOJ en tant que PDG était de 3 millions d'euros (le salaire le plus élevé et de beaucoup du CAC 40) et son variable annuel était également de 3 millions d'euros, soit 6 millions d'euros par an. Il recevait, bien évidemment, tous les ans un montant substantiel de stock-options, puis des actions gratuites de performance. Personne sur le marché ne contestait cette rémunération. La croissance du chiffre d'affaires de L'Oréal était en effet chaque année à deux chiffres, sa rentabilité excellente et les actionnaires s'enrichissaient.

Le directeur des rémunérations de L'Oréal m'appela et me demanda comment fixer et structurer la rémunération des deux principaux dirigeants de L'Oréal dans ce nouveau mode de gouvernance.

Nous préparâmes chez Towers Perrin l'étude à partir des pratiques observées sur le marché mais sur la recommandation nous écrivîmes: «Sauf à ce que vous nous démontriez que cette nouvelle organisation générera davantage de richesse pour tout le monde (actionnaires, personnel…) et améliorera sensiblement le contrôle, la rémunération de ces deux dirigeants (président du conseil d'administration et directeur général) ne doit pas, en tout cas sur le moyen terme, être supérieure à celle du PDG (c'est-à-dire chez L'Oréal: 6 millions d'euros) qui réunissait les deux fonctions de président du conseil et de directeur général.» Le message fut accepté mais il ne fut guère appliqué. Ni chez L'Oréal ni dans les groupes ayant séparé la fonction du PDG en deux. Jusqu'en 2010, en effet, les présidents de conseil d'administration continuèrent souvent, comme il a déjà été indiqué, à percevoir un bonus annuel alors qu'ils n'étaient plus censés être opérationnels. Dès lors, l'addition des rémunérations totales du président du conseil d'administration et du directeur général était nettement supérieure à celle que percevait auparavant le PDG!

Évolution des salaires des patrons

En 2010, le président du directoire de Wendel, Frédéric Lemoine, fut fait chevalier de la Légion d'honneur. Il m'invita à Bercy à sa décoration, remise par Christine Lagarde, ministre de l'Économie et des Finances. La réception se tint à Bercy. Le Tout-Paris du CAC 40 était présent. Jacques Chirac, déjà affaibli mais encore alerte, était là. Frédéric Lemoine avait été secrétaire général adjoint à l'Élysée sous sa présidence.

L'ambiance était très bon enfant avec un minimum de formalisme et lors du cocktail, j'aperçus Thierry Desmarest. Il me reconnut et me dit sans ménagement avec un sourire qui n'était pas complet: «Dites donc, vous n'avez pas été généreux avec Christophe (de Margerie) dans vos recommandations.» Je lui répondis qu'en tant que directeur général de Total il avait déjà 1,2 million d'euros de salaire et que sous prétexte qu'il devenait PDG, un réajustement ne s'imposait pas, Total n'ayant pas vocation à être la locomotive des salaires des grands patrons. Ce dont Thierry Desmarest, homme prudent et très avisé, convint. «Pourtant, ajouta-t-il, vous auriez pu faire davantage, car j'ai été nommé PDG à cinquante et un ans alors que Christophe a aujourd'hui cinquante-neuf ans. Il a pris du retard sur moi…» Curieux rationnel!

Finalement son salaire fut réajusté à 1,35 million d'euros.

Les comités des rémunérations ne suivaient pas toujours les recommandations des conseils. Une mauvaise langue ajouterait : sauf, quand celles-ci étaient plus élevées.

Chez Vallourec, cotée au CAC 40 en 2014, le comité des rémunérations se réunissait chaque année pour statuer sur le package de rémunération du directoire. En cette année 2014, la question était ouvertement posée du réajustement du salaire de Philippe Crouzet, président du directoire. Ce dernier était arrivé en 2009 ; son mandat avait déjà été renouvelé une fois mais son salaire était resté stabilisé à celui de 2009, soit 750 000 euros. Le président du directoire n'était absolument pas demandeur d'une revalorisation. Le statut de son épouse, qui dirigeait à l'époque le cabinet de François Hollande, président de la République, contribuait peut-être (?) à cette réserve. Le comité des rémunérations, que présidait le modéré Michel de Fabiani[6], trouvait cependant qu'il n'y avait pas de raison de laisser ce salaire sensiblement au-dessous de la médiane du marché de référence après six années considérées comme satisfaisantes. Ce marché comprenait quelques sociétés du CAC 40 mais aussi d'autres sociétés cotées avec des périmètres et des activités comparables à ceux de Vallourec.

6. Ancien directeur général de BP Europe.

L'étude de Towers Watson conduite avec un panel de sociétés (composées de sociétés ne relevant pas uniquement du CAC 40), validées par le comité, démontrait que le salaire à la médiane du marché était de 800 000 euros.

Comme les titulaires des sociétés extraites du panel, ayant la même fonction que Philippe Crouzet, n'avaient pas tous le même itinéraire, certains n'ayant pris leurs fonctions que deux ans auparavant, d'autres arrivant au terme de leur mandat, nous suggérâmes, pour donner plus de crédibilité à l'étude, de regarder si les salaires des numéros 1 dans le CAC 40, recrutés en 2009 comme Philippe Crouzet et encore en fonction à ce jour, avaient été réajustés ou non en cinq ans. Nous vérifiâmes également si leur niveau de performance avait été reconnu dans le document de référence soumis chaque année à l'assemblée générale. La réponse était largement positive dans les deux cas. Seul hic au problème chez Vallourec : réajuster avec un chiffre rond en passant de 750 à 800 000 euros, cela faisait 6,7 % d'augmentation d'un coup lorsque l'augmentation annuelle des salariés ne dépassait guère 2 % !

Toute communication de ce type dans un contexte où il était en permanence demandé aux salariés de se serrer la ceinture devenait inaudible. Le débat traîna mais finalement le salaire de Philippe Crouzet fut réajusté à 798 000 euros grâce à une bonne communication et à l'accord d'un administrateur salarié qui avait rejoint le comité des rémunérations !

2018 : REMANIEMENT DU CODE AFEP

Je rencontrai ensuite Pierre Pringuet, ancien directeur général de Pernod Ricard, qui avait pris la succession de Michel de Fabiani comme président du comité des rémunérations de Vallourec. Pierre Pringuet était également le nouveau président de l'Afep.

Nous évoquâmes la disposition du code qui recommandait jusqu'à maintenant que le salaire des mandataires sociaux (c'est-à-dire les patrons et les directeurs généraux délégués) soit fixé pour la durée du mandat social (c'est-à-dire trois ou quatre ans). Pierre Pringuet me dit qu'il ne trouvait pas cette recommandation satisfaisante car si le salaire était peu compétitif lors de sa fixation, son réajustement au moment du renouvellement du mandat ne serait pas audible, surtout si des sacrifices étaient demandés au personnel. Il pensait donc qu'il fallait assouplir cette recommandation et proposer plutôt des évolutions salariales du PDG calées sur celles des membres du comité exécutif, dans la mesure, évidemment, où le salaire du président, lors de sa nomination, n'était pas déjà au-dessus des pratiques du marché !

Sage préconisation !

Les salaires des PDG se sont-ils donc envolés au cours de ces trente dernières années ? La réponse en France, pour les grands groupes cotés et même non cotés est : non.

Évidemment, il y a eu parfois des dérapages des comités des rémunérations qui ont eu la main lourde dans leurs recommandations ! Agissaient-ils en toute indépendance ? N'y avait-il pas eu des manipulations de temps à autre ?

Dans les grands groupes cotés, il est certain que la compétitivité de la rémunération a pris au cours de cette période le pas sur l'équité : le PDG promu en interne, soutenu par le comité des rémunérations, pouvait (mais pas toujours) revendiquer un salaire compétitif. Lorsqu'il était « chassé » et donc recruté à l'extérieur, un salaire compétitif s'imposait et le comité des rémunérations n'avait plus la main.

Dans les groupes mutualistes, la situation n'était pas comparable. Il s'agissait et il s'agit toujours de groupes non cotés et l'équité est censée prévaloir. C'est la culture du « ni trop, ni trop peu »

Dans deux cas, les comités des rémunérations puis les conseils d'administration s'appuyèrent uniquement sur des benchmarks. Ils ne voulurent pas entendre la lecture qu'il convenait d'en faire compte tenu des contextes. Ils prirent, dans un grand groupe privé coté et dans un groupe mutualiste, des décisions hâtives et franchement peu compatibles avec une bonne gouvernance.

Premier cas : l'augmentation impressionnante du salaire d'Hubert Sagnières, PDG d'Essilor. Ce salaire passa de 800 000 euros à 1,15 million d'euros le 1er octobre 2018, puis fut ramené à 1 million d'euros le 1er janvier 2019, soit + 43 %, devenu + 25 %. Cette augmentation interpella même si le nouveau groupe issu de la fusion d'Essilor International avec Luxottica doublait de volume, la philosophie d'Essilor ayant toujours été de rémunérer la performance et de rester très *soft* sur le salaire…

Si cette fixation de salaire à ce niveau était compatible avec les pratiques du marché, elle supposait de revoir sensiblement à la baisse les autres éléments du package de rémunération ! Ce qui ne fut pas le cas. Loin de là.

Les conflits de gouvernance survenus quelques mois plus tard entre les deux patrons du nouveau groupe (Del Vecchio et Hubert Sagnières) démontrèrent que cette augmentation était sûrement prématurée… Hubert Sagnières n'assumait ses pouvoirs qu'à parts égales avec le PDG du nouveau groupe et surtout, ayant laissé la direction générale d'Essilor entre les mains d'un directeur général, il était apparenté à un *non executive vice chairman* (c'est-à-dire un vice-président du conseil d'administration) !

Deuxième exemple, cette fois-ci dans le secteur mutualiste, longtemps perçu comme raisonnable dans les niveaux et la structure des rémunérations des équipes de direction car toujours attaché au principe du lien social et donc à l'équité.

Le groupe Arkéa (10 500 personnes) réunit en 2020 le Crédit mutuel Arkéa (CMA), les réseaux du

Crédit mutuel de Bretagne et du Sud-Ouest, ainsi qu'une quarantaine de filiales spécialisées qui lui permettent de couvrir tous les métiers de la sphère bancaire et de l'assurance.

Ce groupe ne se compare ni à une banque du seul secteur mutualiste ni à une banque privée française. Tout benchmark suppose donc une interprétation minutieuse. Le benchmark mis au point et validé par le comité des rémunérations rassemble certes de très grandes banques (BNP, Société générale, Natixis), mais également des banques mutualistes, coopératives et des banques régionales autonomes. En un mot un patchwork. À prendre avec des pincettes !

Le CMA traverse actuellement, comme chacun sait, une période délicate puisque son indépendance à terme est en jeu.

Première décision prise en février 2020 : maintenir le salaire fixe du président à 530 000 euros, malgré son souhait de prendre du recul, compte tenu de sa grande expérience et aussi du fait que n'ayant pu modifier la gouvernance comme il le souhaitait, il a dû renoncer comme tout président de conseil d'administration à percevoir du variable. Sur ce point, rien à dire ; pour autant que le président, à ce niveau de salaire très élevé pour un président de conseil non opérationnel avec un périmètre comparable à celui du groupe Arkéa, reste, cependant, impliqué sur le long terme dans l'animation du conseil et le lobbying. Pour autant également qu'il marque par une présence pratiquement quotidienne au sein du CMA son engagement, ce qui était le cas jusqu'à maintenant ; la stratégie aujourd'hui affichée étant de viser une performance globale allant au-delà des critères financiers et intégrant les enjeux liés à la transition environnementale et sociétale pour l'ensemble de ses activités.

Dans ce contexte, le très dynamique et entrepreneur qu'était le directeur général, démissionna, après douze années, en février 2020.

Un nouveau directeur général fut nommé en février 2020 au CMA. Or, dans ce groupe tout comme dans le secteur mutualiste le patron opérationnel, c'est lui, le directeur général. Il préside d'ailleurs le comité exécutif.

Deuxième décision : Les administrateurs du CMA, sur la recommandation du comité des rémunérations, fixèrent le salaire du nouveau directeur général, potentiel indiscutable mais sans aucune expérience de l'opérationnel[7] à 425 000 euros, c'est-à-dire le même salaire de base que son prédécesseur (au moment de son départ) dont seules les performances cumulées et exceptionnelles après douze années dans cette fonction justifiaient ce niveau.

---

7. Auparavant dans la fonction RH, reportant au DRH et depuis 2016 secrétaire général avec une fonction de support. Son salaire de 175 000 euros fut porté en janvier 2020 sur décision du président à 210 000 euros avant sa promotion comme DG.

Principaux arguments évoqués : 1. les benchmarks indiquent ce niveau de rémunération (mais évidemment à certaines conditions) et 2. les dirigeants déclarent renoncer à toute part variable en 2020 en raison du Covid-19 !

En même temps les administrateurs font passer le salaire du directeur général délégué de 270 000 euros à 400 000 euros.

Le bon sens, particulièrement dans le secteur mutualiste, aurait imposé que le salaire du directeur général progresse par étapes (il s'agissait d'une promotion interne) afin de s'assurer que des aspects comportementaux inhérents à cette fonction étaient progressivement maîtrisés par le titulaire. Aucune marge de progression, donc pour le titulaire dans cette fonction et écarts démesurés avec les autres dirigeants, cadres et employés de ce groupe coopératif !

Aucun conseil externe ne fut sollicité pour accompagner le comité des rémunérations dans la lecture des benchmarks. Là encore, le comité se basa sur des benchmarks qui n'auraient dû être qu'un outil de référence.

Deux beaux ratés dans la gouvernance, même si le conseil d'administration du CMA, à qui revenait la décision finale, valida ces salaires !

Finalement, si l'on retient en France un salaire moyen pour les PDG ou les numéros 1 des grands groupes du CAC 40 de 4 millions de francs

(610 000 euros) entre 1993 et 1997, on constate en 2020-2021 que ce salaire se situe à 1,1 million d'euros. Or, si on intègre l'inflation annuelle ou bien les augmentations salariales annuelles dans les groupes (sur une base même titulaire/même fonction) des dirigeants de 2,5 %, on arrive en 2020 à 1,103 million d'euros, ce qui est précisément, on vient de le voir, le salaire moyen/médian d'un patron de groupe au sein du CAC 40 !

Dans les autres pays européens et aux États-Unis, les évolutions du salaire (hors part variable) ne permettent pas de faire un constat très différent. En effet les niveaux de salaire pour le patron d'un grand groupe aujourd'hui y sont à peu près les mêmes et oscillent en majorité entre 1 million d'euros et 1,3 million d'euros.

Reste une question : ce niveau du salaire à 1,1 million d'euros est-il démesuré par rapport aux salaires les plus bas de la pyramide qui se situent (à temps complet) à 20 000 euros ? L'écart est donc de 1 à 55 avant d'intégrer le reste. Les groupes étant aujourd'hui mondiaux et, diront certains, beaucoup plus complexes, ces écarts aujourd'hui ne sont pas anormaux sur le salaire fixe mais ce n'est certainement plus sur le seul salaire que l'écart doit être analysé mais sur l'ensemble de la rétribution. Or là, les écarts ne sont plus du tout les mêmes.

Chapitre 2

PAYER LES PATRONS POUR CE QU'ILS FONT OU POUR CE QU'ILS SONT ? LA PERFORMANCE EN QUESTION

Lorsque le mur de Berlin tomba en novembre 1989, un vent de fort libéralisme soufflait déjà sur l'Europe depuis plusieurs années. Il avait gagné le Royaume-Uni, souvent tourné vers le grand large depuis le début des années 1980 sous la houlette de Margaret Thatcher. Les Américains, eux, venaient d'élire Georges Bush Senior qui avait été le vice-président de Ronald Reagan pendant ses deux mandats (1980-1988). Ce dernier avait réduit considérablement la fiscalité des revenus salariaux puisque le taux marginal de l'impôt était passé de 70 % en 1980 à moins de 30 % en 1988.

À Londres, les dirigeants de grands groupes percevaient des parts variables ainsi que des stock-options.

Les fonds de pension, dont l'importance croissait dans les capitalisations boursières, étaient de plus en plus attentifs à leurs dividendes et anticipaient l'arrivée du papy-boom.

L'attente des actionnaires, l'intérêt des dirigeants et en premier lieu celui des patrons ne pouvaient que faire bon ménage.

En Europe, la performance financière du groupe, de ses branches et de ses divisions allait très vite être au cœur des débats sur la rémunération des dirigeants (et donc du premier d'entre eux) dans l'entreprise. Ce débat était relayé et soutenu par les sociétés de conseil qui proposaient des plans de bonus aux équipes de direction et s'efforçaient de développer devant les patrons et leurs DRH la nécessité désormais de rémunérer les dirigeants non pour ce qu'ils étaient (diplôme, statut, poste, potentiel) mais pour ce qu'ils faisaient (compétences démontrées, performances). On allait plutôt stabiliser les salaires de base et rémunérer la performance. D'autant que l'inflation était maintenant maîtrisée.

1992-2000 : LES BONUS SE GÉNÉRALISENT...

En France, en ce début des années 1990, la rémunération des patrons et des principaux dirigeants était composée essentiellement d'un salaire fixe auquel s'ajoutait parfois une part variable sous forme de primes ou de gratifications, rarement sous forme de bonus.

À la Société générale, en 1995, lors d'une réunion relative à la rémunération de la direction générale, Marc Viénot (président de la Société générale) nous montra une feuille sur laquelle il avait écrit le montant de la gratification qu'il comptait donner à chacun des membres du comité exécutif. Cela tenait compte évidemment de leur impact dans les résultats mais la prime restait discrétionnaire.

À la Lyonnaise des eaux, l'un des membres de la direction des ressources humaines nous décrivit la pratique des gratifications de fin d'année. « Gare à celui qui rencontre entre le 10 et le 24 décembre le président (Jérôme Monod) dans un couloir car de toutes les façons, il va lui poser une question et s'il ne répond pas dans le sens qu'il attend et surtout s'il est mal "luné", il peut dire adieu à sa "grat" ».

La pratique du bonus était loin d'être la règle. Les bonus se différenciaient de la prime annuelle en ce sens qu'ils faisaient l'objet en début d'année d'objectifs financiers avec des indicateurs de performance, tels que le *return on equity* (retour sur capitaux propres), le résultat net, le résultat d'exploitation ou la marge brute. Il y avait aussi des objectifs qualitatifs individuels. En général, pour le PDG, on attendait de sa part qu'il prépare l'avenir du groupe, propose des axes stratégiques pour les cinq prochaines années, présente au conseil des organigrammes de remplacement pour les postes clés du groupe…

On peut dire que la formalisation de ces objectifs personnels laissait à désirer.

On peut aussi dire que certains objectifs individuels qui étaient assignés au patron étaient le plus souvent censés compenser ce que l'application de la formule mathématique pour les résultats financiers pouvait avoir de trop mécanique. Mais la compensation, convenons-en, allait rarement dans le mauvais sens…

Le bonus, pour les grands patrons, dans les groupes où il avait été institutionnalisé, pouvait représenter au début des années 1990, 30 ou 40 % du salaire, voire plus en cas de résultats exceptionnels…

La performance était un terme qui n'avait pas la même signification pour tout le monde. Pour les comités des rémunérations qui naissaient, la performance correspondait souvent au budget. Pour d'autres, plutôt minoritaires, la performance correspondait à la réalisation d'un objectif ou de plusieurs objectifs, synonymes de progrès et qui ne se confondaient pas forcément avec le budget, comme si c'était : « Mais voyons Monsieur, vous êtes payé pour faire le budget ! Si vous faites mieux, c'est-à-dire si vous performez réellement, on verra quel bonus vous est dû ! »

Le discours que nous avions au cabinet au début des années 1990 était de dire qu'un bonus n'avait pas pour but de rémunérer plus mais de rémunérer autrement. Il y avait la perspective de gagner plus si les résultats étaient très bons mais avec le risque de gagner moins qu'auparavant si les résultats étaient décevants. Cela explique les recommandations faites au début de la mise en place de ces bonus : nous suggérions de réduire légèrement les salaires mais avec la perspective de gagner à la fin beaucoup plus grâce à la performance !

Nous distinguions alors les objectifs permanents inhérents à la fonction et les objectifs de progrès et de projet en disant : les objectifs permanents sont la raison de votre salaire, les objectifs de progrès et de projet correspondent forcément à un plus, à un mieux et si vous les réalisez, vous aurez droit au versement d'un bonus.

Ce discours n'a jamais vraiment été appliqué et nos recommandations ont été souvent « placardisées ». Le bonus est venu dans la réalité s'ajouter au salaire et rien n'a démontré, du moins au début, que les groupes étaient devenus plus performants avec un bonus.

La mise en place d'un bonus s'institutionnalisait donc petit à petit. Les groupes s'américanisaient sans atteindre dans les bonus les niveaux d'outre-Atlantique ; avec des pratiques pour leur versement parfois exigeantes, parfois complaisantes, mais aussi des pratiques qui suivaient tout simplement le mouvement !

1993 : Alain Joly, « Un dirigeant doit être toujours être bon... »

En 1993, le président d'Air liquide, Alain Joly, administrateur de la BNP, présidait le comité des rémunérations de cette banque. Il m'appela car il s'agissait de constituer le package de rémunération du nouveau PDG de la BNP (Michel Pébereau) qui venait d'être privatisée. Michel Pébereau venait du CCF dont il était le PDG et l'enjeu désormais était d'une toute autre ampleur. Nous nous rencontrâmes dans son bureau du quai d'Orsay afin qu'il me fournisse tous les éléments du contexte qui me permettraient de réaliser l'étude. Cette dernière reposait principalement sur un benchmark avec des constats et quelques recommandations. Je lui indiquai comment j'allais travailler et, comme tout ingénieur, qui se respecte, il prenait des notes...

Quelle ne fut pas ma surprise car, alors que je lui proposais de mettre dans le benchmark des groupes du CAC 40 avec lesquels la comparaison à venir de la rémunération du numéro 1 de la BNP pouvait avoir du sens, il me dit qu'il y avait deux PDG qu'il aimerait voir dans le benchmark: Noël Goutard et Pierre Bellon, PDG respectifs de Valeo et de Sodexo! J'essayai de lui expliquer que je ne voyais pas bien le rapport entre de la restauration collective (Sodexo) et un établissement financier! Rien n'y faisait, c'était pour lui deux PDG qui étaient des références car des performers! Je dus lui indiquer quelques jours plus tard qu'il ne nous était pas possible d'obtenir ces informations car ces deux sociétés ne communiquaient pas la rémunération de leurs patrons. Alain Joly devrait se contenter d'un panel contenant des rémunérations d'autres PDG du CAC 40 non moins célèbres, mais avec comme seule information des niveaux bas, des niveaux médians et des niveaux hauts. Les rémunérations n'étaient pas encore publiques.

Nous nous revîmes comme convenu, une quinzaine de jours plus tard et comme je m'y attendais il me posa un certain nombre de questions afin de vérifier les relations de cause à effet entre ce que je lui avais dit quinze jours auparavant et ce que je lui proposais. Ce rendez-vous se passa plutôt bien et il prit en compte les données du marché avec mes constats et mes suggestions tout en se montrant circonspect sur ces dernières, avec un léger sourire. Sous-entendu : Les conseilleurs ne sont pas les payeurs…

J'observai qu'Alain Joly s'apprêtait à proposer au comité des rémunérations pour le président de la BNP un niveau de salaire conforme aux pratiques du marché (4 millions de francs, c'est-à-dire 610 000 euros) avec un bonus assis sur des objectifs très ambitieux et des stock-options plus agressives que celles que j'avais suggérées. L'objectif, chez lui, c'était le sommet, donc la performance maximale alors que sur le marché, la cible correspondait davantage au budget ou à une réalisation des objectifs à 100 %. Ces objectifs cible devaient pouvoir être dépassés. Il mettait donc la barre très haut. « C'est ce que le patron de la BNP doit viser », conclut-il !

Au moment de nous séparer, je ne pus m'empêcher de lui poser cette question : « Admettriez-vous qu'un dirigeant (PDG ou membre du comité exécutif) puisse ne pas percevoir un bonus une année ? » J'ajoutai qu'un séisme dans un pays dans lequel un dirigeant venait d'investir pour le groupe ou une série d'événements extérieurs dans un pays sur lesquels le dirigeant n'avait aucun impact, pourrait « pourrir » son année.

Réponse : « Non, un dirigeant perçoit toujours du bonus car il doit être bon. Sinon, il faut s'en séparer tout de suite. Ce que vous dites peut se produire mais le dirigeant a également des objectifs qualitatifs, individuels, que nous savons mesurer, apprécier et qui ne sont pas financiers. Ceux-là, il doit, impérativement et totalement les réaliser. » « Un dirigeant, ajouta-t-il, a une vision stratégique (où allons-nous, comment y aller) ; il doit savoir trancher, c'est-à-dire décider… déléguer mais toujours contrôler. »

Il conclut : « Un dirigeant percevra donc toujours du bonus et s'il ne devait pas en percevoir, on lui montrera la porte. C'est toute la différence, ajouta-t-il, avec un cadre supérieur ou un cadre tout court dont les missions sont d'une autre nature. Un dirigeant ne peut se comparer à n'importe quel collaborateur. »

Manifestement le PDG d'Air liquide avait une haute idée de ce qu'était un dirigeant. Jacques Perrichi, qui avait été DRH d'Air liquide dans les années 1980, et que je rencontrai en descendant dans le hall à l'issue de cette réunion, me confia: «Monsieur de Royère[8], était une main de fer dans un gant de velours. Monsieur Joly, est une main de fer dans un gant de fer.»

1994 : Usinor, « Objectifs du groupe non atteints, pas de bonus »...

Dans les années 1990, je fus approché par le comité des rémunérations d'Usinor. Le président du comité était l'ancien président de la BNP, René Thomas, à l'époque où elle était nationalisée. Le PDG d'Usinor était Francis Mer. Sa réputation était celle d'un homme intègre et très exigeant. Le président du comité souhaitait savoir quelles étaient les pratiques observées sur le marché dans des groupes lorsque certaines entités avaient pu performer mais que globalement les résultats attendus par l'actionnaire n'étaient pas satisfaisants. Dit autrement, il s'agissait de savoir si l'on pouvait distribuer un bonus à un dirigeant performant dans une branche alors que les résultats du groupe étaient décevants. Je développai rapidement les pratiques en indiquant que lorsqu'un groupe avait une organisation intégrée (exemple l'automobile), le seuil de déclenchement du bonus était la marge brute

8. Prédécesseur d'Alain Joly comme PDG d'Air liquide.

du groupe ou en tout cas un indicateur clé pour le groupe avec ensuite, le cas échéant, un effet multiplicateur sur la réalisation des objectifs par branches ou divisions ; alors que dans le cas où l'organisation était décentralisée (type LVMH ou la Compagnie de Saint-Gobain avec des filiales ou des branches totalement autonomes), la part variable prenait rarement en compte les résultats du groupe ou alors de manière limitée pour le patron de la branche qui, membre du comité exécutif, devait quand même montrer une certaine solidarité.

« Et vous, que vous conseillez-nous alors ? » m'interrogea le président du comité. Connaissant le contexte d'Usinor et les exigences de son président mais pas encore tous les résultats par entité, je répondis : « Les résultats d'Usinor n'ayant pas été conformes globalement aux objectifs ou aux budgets ces dernières années, je trouve néanmoins un peu sévère de priver de bonus par exemple le patron des Produits Plats, si cette entité a été performante, alors qu'il a fortement "mouillé sa chemise" avec tous ses collaborateurs. »

Réaction mitigée du comité compte tenu des exigences du PDG…

Entra dans la pièce Francis Mer. Le président du comité me donna tout de suite la parole pour que je résume mes conseils. La réplique de Francis Mer fut instantanée : « Les conseilleurs ne sont pas les payeurs, nous attendions chez Usinor 8,3 % de ROE l'an passé. Cette performance n'a pas été atteinte ! Pas de bonus ! »

Le débat était clos.

Francis Mer, pour justifier sa position, tint à me dire que lorsque les aciers inoxydables, très cycliques, sortaient de très bons résultats, les aciers spéciaux dont les résultats étaient médiocres étaient heureux de pouvoir bénéficier d'une allocation en capital… et la roue pouvait tourner.

Plus de dix ans après je retrouvai Francis Mer, comme président du conseil de surveillance de Safran et lui rappelai cet épisode qui le fit sourire. Le marché et les pratiques avaient évolué entretemps. Surtout les bonus !

1995 : BONUS (PART VARIABLE) ASSIS SUR LE RÉSULTAT NET À LA SOCIÉTÉ GÉNÉRALE

À la Société générale, le bonus du PDG, Marc Viénot et de son vice-président, Jean-Paul Delacour, était assis depuis plusieurs années sur le résultat net groupe : 1 ‰ du résultat net pour le PDG et 0,5 ‰ pour le numéro 2. Un jour, je m'étonnai de cet indicateur de performance auprès de Philippe Citerne, le DRH, en lui demandant comment étaient traitées les provisions et les plus ou moins-values de cession. Il me répondit : « Ne vous inquiétez pas, M. Calvet[9]

9. Président du directoire de PSA et administrateur de la Société générale.

veille au grain. Il épluche tous les comptes pendant deux jours et rien n'est laissé au hasard. Les éléments qui n'ont rien à voir avec la performance du PDG sont sortis... »

Lors de la réunion censée arrêter ce bonus, le président déplora le résultat net de la Société générale (4 milliards de francs soit 760 millions d'euros) comparé à celui de la Deutsche Bank (15 milliards de francs soit 2,3 milliards d'euros, c'est-à-dire trois fois plus) en indiquant que la SG devait absolument améliorer dans son organisation son rapport back-office/front office.

Qu'à cela ne tienne, il allait percevoir 4 millions de francs (610 000 euros) qui, additionnés à son salaire fixe qui avait été réajusté à 5 millions de francs (soit 762 000 euros), lui permettait d'encaisser dans l'année 9 millions de francs (1 372 000 euros). Nous étions cependant encore loin des bonus qui allaient suivre après son départ...

1997-1998 : LES BONUS NE RÉCOMPENSENT PAS FORCÉMENT LA PERFORMANCE CHEZ ELF !

Les bonus chez Elf pour le PDG, Philippe Jaffré, et les grands patrons de branche à la fin des années 1990 étaient à peu près compétitifs par rapport au marché mais pas tant que ça compte tenu de la taille de ce groupe.

Je rencontrai Jean-Luc Vergne qui dirigeait les ressources humaines du groupe Elf et nous parlâmes de la rémunération variable. Il marchait de long en large dans son bureau en faisant un cours sur la part variable, donnait l'impression d'écouter peu sur le moment mais finalement enregistrait ce que l'on voulait faire passer: «De toute façon, conclut-il, avec ce foutu système de variable, quand le baril monte, on paie un super bonus à Jaffré et quand il baisse il faut travailler deux fois plus, trouver de nouvelles idées pour faire le résultat. À la fin, le variable n'est plus variabilisé et on verse, en tout cas aux autres niveaux de management, pratiquement la même chose que l'année d'avant...»

2000-2010 : LES BONUS DEVIENNENT DES ACQUIS... MAIS PAS POUR TOUT LE MONDE

À partir des années 2000, les bonus des patrons en France s'alignèrent pratiquement sur leurs homologues au Royaume-Uni. Très rapidement le taux du bonus représenta pour les PDG dans les groupes à objectifs atteints 100 % de leur salaire. Ainsi, les bonnes années, les patrons doublaient leur salaire, voire plus lorsque les objectifs étaient dépassés.

Des taux maximums de bonus en effet se mettaient en place pouvant représenter au total 150 % du salaire, et parfois plus. Les rémunérations composées d'un salaire et d'un bonus s'envolaient en France mais également en Europe et évidemment aux États-Unis.

La dégringolade des marchés financiers à la fin de l'année 2000 n'empêchait pas les groupes de sortir de bons résultats avec des bonus toujours en augmentation dans la plupart des groupes performants.

Les bonus élevés versés depuis 2000 aux patrons du CAC 40 étaient-ils légitimes ? En d'autres termes, correspondaient-ils à des performances indiscutables ayant permis à leurs groupes de prospérer et de rester compétitifs, aux actionnaires de maintenir leur confiance, au personnel de vivre et de se développer, aux prestataires de poursuivre leurs activités, à l'environnement de profiter de l'employabilité que permettaient les activités du groupe ?

Que certains patrons aient reçu alors des bonus élevés et sans comparaison avec ce que percevaient leurs homologues il y a près d'un siècle n'était pas forcément scandaleux. La capitalisation des groupes n'avait alors rien à voir avec celle de la première moitié du XXe siècle et même celle des années 1970. Les groupes du CAC 40 et même du SBF 120 étaient devenus la plupart du temps mondiaux avec des implantations dans les plus grands continents, soit à travers des filiales, soit à travers des branches ou des divisions. Toutefois, cela n'avait de sens de verser de gros bonus que si les prestations des dirigeants et du premier d'entre eux le justifiaient.

La publication des rémunérations des dirigeants mandataires sociaux au début des années 2000 aurait pu et dû permettre de mettre un peu d'ordre en constatant une certaine corrélation entre les performances des groupes et les bonus versés. Ce ne fut pas toujours le cas. Les documents de référence sur la rémunération des patrons étaient parfois explicites sur les indicateurs financiers mais plus souvent imprécis, et presque toujours incomplets. On continuait fréquemment de rémunérer le dirigeant pour ce qu'il était et non pour ce qu'il faisait ; en tout cas pour la partie ayant trait à ses objectifs personnels. Au fond, ce qui se pensait, c'était que le patron ne pouvait que remplir ses objectifs personnels, sinon il ne serait pas à sa place !

Quelques exemples vécus...

2000-2007 : LES PERFORMANCES D'ALCATEL EN ROUGE...

Présidé par Serge Tchuruk depuis 1995, le groupe Alcatel diversifié dans l'énergie, le transport et la défense a achevé son recentrage sur les télécommunications en 1998. Ce recentrage s'avéra défavorable avec de lourdes pertes. Serge Tchuruk percevait depuis son entrée en fonction un salaire fixe de 1 524 000 euros, ce qui était le salaire le plus élevé du CAC 40 après celui du PDG de L'Oréal. Pour justifier ce salaire, il y avait évidemment la puissance de ce groupe en 1995. Serge Tchuruk était probablement à l'époque le plus crédible sur le marché pour occuper le poste de PDG après la sortie un peu tumultueuse de Pierre Suard. Il avait réveillé la « Vieille Dame d'Auteuil » (le groupe Total), restructuré le groupe en changeant les équipes de direction et donné incontestablement une nouvelle impulsion à ce groupe pétrolier.

Mais le contexte d'Alcatel faisait qu'on ne se bousculait pas plus que ça au portillon pour en prendre les rênes…

Malgré des résultats presque toujours négatifs à la tête d'Alcatel, qui conduisirent Serge Tchuruk à renoncer certaines années à sa part variable, il perçut des bonus de 770 000 euros, 1 315 000 euros et 1 105 000 euros en 2004, 2005 et 2006 au titre des années précédentes avec comme motif en 2004 : redressement du groupe et résultat opérationnel acquis dans un contexte difficile !

2007 : La part variable de Bruno Lafont, directeur général de Lafarge, en question !

Chez Lafarge, Bruno Lafont, devenu directeur général en 2006 avant d'en devenir le PDG en mai 2007, eut un impact majeur dans l'acquisition d'Orascom en Égypte. Cette acquisition fut définitivement conclue en janvier 2008.

Sur le papier, les actifs d'Orascom étaient certains. Cette société disposait de bonnes usines avec d'excellentes caractéristiques.

Le package de rémunération de Bruno Lafont était composé en 2007 d'un salaire de 871 000 euros, d'un bonus qui pouvait représenter au maximum 160 % de ce salaire, soit 1 440 000 euros, et des stock-options.

À l'issue du comité des rémunérations de Lafarge qui se réunit au premier trimestre 2008 pour apprécier la performance de Bruno Lafont, il fut décidé par le conseil d'administration de lui verser la somme de 1 940 000 euros.

Chez Towers Perrin, nous réalisions chaque année une étude sur la compétitivité des rémunérations des grands patrons et sur Lafarge une étude fouillée destinée au comité. Je demandai donc à la responsable de la gestion administrative des dirigeants ce qui expliquait le montant de ce bonus qui était au-dessus du maximum et surtout la raison pour laquelle il avait été versé avant mon étude ! Elle me répondit que les résultats obtenus en 2007 par Bruno Lafont avaient été jugés excellents pour l'ensemble des critères retenus puisqu'ils avaient été dépassés significativement. Elle poursuivit en indiquant que c'était l'acquisition d'Orascom qui avait fait l'objet d'une prime spéciale ! « Mais, ajouta-t-elle, ce n'est pas fini car il a été attribué à Bruno (Lafont) également une quantité supplémentaire d'options pour cette acquisition d'Orascom ! »

Passe pour une attribution supplémentaire d'options, qui peut être justifiée et dont on ne verra que plus tard s'il s'agissait d'une acquisition profitable ou non mais pour la prime exceptionnelle, c'était beaucoup plus contestable puisque l'on pouvait considérer que le bonus maximum auquel il avait droit intégrait cette acquisition.

Très vite en effet, il s'avéra, qu'Orascom avait été payé très cher, qu'une partie avait été payée en cash et une partie en actions. L'endettement de Lafarge était devenu beaucoup trop important et le marché boursier l'avait tout de suite sanctionné. À cela étaient venus s'ajouter la chute de Lehman Brothers et l'effondrement des marchés de la construction en 2009-2010.

Le deuxième coup de massue fut le Printemps arabe qui avait durement affecté la rentabilité de Lafarge en Égypte, en Irak et en Algérie.

Finalement, il ressortait qu'un bonus maximum ou une prime exceptionnelle devait toujours refléter une performance passée certaine et non une performance potentielle et que lorsqu'un risque de retournement pouvait se produire, il existait et il existe encore aujourd'hui d'autres solutions pour reconnaître celles et ceux qui avaient eu des impacts déterminants et sans que cette reconnaissance ne représentât un coût pour l'entreprise.

Cette prime exceptionnelle, sans regarder le reste, était un exemple de ce qu'un comité n'aurait jamais dû faire. Au Royaume-Uni, les investisseurs institutionnels n'auraient jamais laissé passer une telle décision à l'assemblée générale. C'est tout le package de rémunération qui aurait été passé au peigne fin au moment de l'assemblée générale et qui pouvait être mis en cause !

2009 : MICHELIN, LE DÉFI D'UNE MARGE BRUTE À 5,3 %

Michel Rollier, qui était le seul associé-gérant commandité de Michelin et donc le patron depuis la mort accidentelle d'Édouard Michelin m'interrogea : « Le comité des rémunérations de Michelin se demande comment entretenir la motivation de l'équipe de direction générale, dans ce contexte de crise, notre marge brute budgétée pour 2009 étant de 5,3 % contre plus de 7 % l'an passé. Et, ajouta-t-il, ce budget de marge brute à 5,3 %, c'est terriblement ambitieux ! »

Je pensais alors à cette fameuse phrase : « On ne distribue pas de l'argent que l'on n'a pas gagné. » Puis, je lui répondis qu'un moyen était de trouver un rationnel entre des primes ponctuelles (car on ne pouvait plus parler de bonus) que l'on verserait aux plus performants et les dividendes qui de toute façon seraient forcément inférieurs à ceux de l'année précédente.

Finalement, les deux gérants non commandités ne perçurent aucune part variable au titre de l'exercice 2009 et la rémunération de Michel Rollier fut ramenée à la portion congrue puisqu'il ne perçut aucun salaire fixe. Chez Michelin, on ne plaisantait pas !

2010 : TOTAL : UN BON EXEMPLE

Chez Total, le bonus du PDG en 2010 était scindé en deux. La partie la plus significative était composée de deux indicateurs financiers. Le premier était la rentabilité des capitaux propres et le second, l'évolution des résultats de Total par comparaison avec ceux des quatre plus grandes compagnies pétrolières concurrentes (ExxonMobil, BP, Royal Dutch Shell et Chevron Texaco), appréciée sur la progression relative de la moyenne triennale de deux indicateurs : le bénéfice net par action et le résultat net. Pour ce deuxième indicateur, si Total arrivait quatrième ou cinquième, c'était 0.

La contribution personnelle du PDG était évaluée à partir de critères ciblés et d'objectifs majoritairement opérationnels concernant des secteurs clés d'activité, notamment la performance hygiène sécurité environnement et l'accroissement de la production des réserves d'hydrocarbures. Rien à voir avec les objectifs personnels du PDG au début des années 2000 qui portaient encore sur la préparation de l'avenir et l'élaboration d'une stratégie pertinente pour le groupe…

La rémunération (salaire + bonus) du PDG de Total, qui était la première capitalisation boursière du CAC 40 en France en 2010, suivait la tendance du moment mais restait raisonnable par rapport à celle de certains de ses homologues dont les résultats ne montraient pas toujours une corrélation entre ce qu'ils avaient perçu en bonus et la bonne marche de l'entreprise.

Chez Total, un bonus 0 n'était certes pas envisageable ni pour le patron ni pour tous les autres cadres qui étaient éligibles au bonus et dont le taux versé oscillait presque toujours entre 70 % et 130 % de la cible (cible = 100 % des objectifs atteints) mais il est vrai aussi que Total avait et a toujours performé…

2010-2020 : LES COMITÉS DES RÉMUNÉRATIONS SE PROFESSIONNALISENT… MALGRÉ DES RATÉS !

À partir de la crise de la crise financière de 2008, l'élaboration d'un code de gouvernance s'imposa.

Certains comités des rémunérations restèrent, au début, à la traîne avec des administrateurs peu motivés et guère formés qui, pendant les séances, avaient dû mal à s'affranchir de leurs portables. C'était alors le président du comité qui faisait « tout le boulot », assisté du DRH (dont l'implication posait et continue de poser un problème en termes de conflits d'intérêts), d'un secrétaire, voire d'un consultant externe. Il fallait bien reconnaître que les comités des rémunérations, dans leur grande majorité, se professionnalisaient dans les grands groupes, avec l'envoi d'un ordre du jour et d'un document détaillé mettant en exergue les données salariales des patrons et autres dirigeants mandataires sociaux, leur historique et les pratiques marché.

Les indicateurs de performance du bonus étaient le plus souvent reconduits d'une année sur l'autre. Les objectifs qualitatifs individuels étaient moins approximatifs, mieux formalisés, correspondant réellement à des objectifs de progrès ou de projets. Tout ce qui tournait autour de la RSE se mettait progressivement en place, certains groupes comme Danone ou L'Oréal donnant le « la ».

Les administrateurs, membres du comité, challengeaient plus ou moins le rapport sur la rémunération de leurs mandataires sociaux qui leur était soumis.

La recommandation sur le bonus dû au titre de l'année précédente et la fixation des bornes de performance pour l'année en cours se tenait dans le cadre du comité des rémunérations qui avait lieu le plus souvent en février ou en mars, c'est-à-dire à un moment où l'on avait tous les résultats de l'année précédente. Ceci permettait d'avoir une vision certaine sur quatre mois, c'est-à-dire les deux premiers de l'année en cours et les deux mois à venir ! Ce qui était un avantage par rapport à d'autres collaborateurs qui recevaient leurs objectifs avant le numéro 1)

Les administrateurs mettaient-ils en cause la performance du patron ? Lorsque les objectifs et les indicateurs étaient financiers et donc quantifiables, c'était difficile car les chiffres parlaient d'eux-mêmes. Lorsqu'il s'agissait d'apprécier les objectifs personnels, soit ils étaient quantifiés et alors c'était plus simple, soit une marge d'appréciation était laissée au comité. Difficile tout de même de trop mettre en cause la performance personnelle du patron, ce qui aurait été équivalent à lui montrer la porte !

À l'issue de la réunion, un procès-verbal était dressé. Le président rendait compte au conseil des recommandations du comité. Tout cela semblait aller dans la bonne direction.

La mise en place du Say on Pay avec le vote de l'assemblée générale sur la performance passée (ex-post), puis plus tard sur la politique de rémunération à venir (2018) avec les taux de bonus appropriés, sera un progrès mais il y eut auparavant en 2015 et en 2016 deux gros ratés, l'un pour une question de démesure, l'autre pour une question de cession d'actif considéré comme stratégique pour la France. Ces deux ratés demeurent à ce jour un point noir dans la gouvernance française.

2015 : La rémunération stratosphérique de Carlos Ghosn

L'assemblée générale des actionnaires de Renault vota le 29 avril 2016 à 54 % contre la rémunération perçue par le PDG de Renault en 2015. Il s'avérait que cette rémunération s'élevait à 7,2 millions d'euros ; en ajoutant Nissan que Carlos Ghosn dirigeait également, sa rémunération atteignait plus de 15 millions d'euros. Carlos Ghosn déclara : « Notre politique en matière de rémunération vise à récompenser la performance ainsi qu'à attirer et retenir les meilleurs talents de l'industrie automobile. » Il se défendit auprès des représentants de l'État de tout excès, citant les salaires plus élevés pratiqués par certains concurrents étrangers.

Le conseil d'administration ne corrigea pas sa décision, malgré le vote de l'assemblée générale, et demanda simplement au comité des rémunérations de faire le nécessaire pour que les rationnels de la rémunération de son PDG à l'avenir soient mieux explicités car ce vote négatif de l'assemblée générale, à l'époque, n'était que consultatif. Le Haut Comité de gouvernement d'entreprise, que présidait Denis Ranque, fit un communiqué mesuré de désapprobation sur la rémunération démesurée de Carlos Ghosn.

Dans les grands cabinets, il nous arrivait d'assister à Boulogne au comité des rémunérations de Renault quand on y était invités. Ce que nous constations, c'était que Carlos Ghosn en visioconférence depuis Tokyo disait ce qu'il voulait et que personne, ni parmi les représentants de l'État ni parmi les autres administrateurs, et pas n'importe lesquels, ne prenait le risque de le contredire. Ça aurait pu faire de la bouillie ! Le redressement spectaculaire de Nissan et les bons résultats des deux groupes donnaient à son patron une immunité totale !

2016 : Patrick Kron vend un actif stratégique français à GE

Patrick Kron avait redressé Alstom à partir de 2003 après la déconfiture faisant suite à l'acquisition d'ABB Power. C'était un fait que personne ne contestait. Il fut rémunéré pour cela. La suite fut moins rose car il s'avéra que la vente à General Electric d'Alstom Power et Alstom Greed n'était pas forcément faite dans l'intérêt de l'État français et des actionnaires. Patrick Kron dut reconnaître devant le département de la Justice américain qu'Alstom SA entre 2002 et 2011 (pendant la période où il était PDG) avait payé 75 millions de dollars de pots-de-vin pour remporter 4 milliards de contrats et 296 millions de dollars de profits. Toutefois, pour parvenir à ce résultat il avait mis en place des procédures de conformité anticorruption dont il reconnut dans son « plaider coupable » qu'elles étaient purement cosmétiques ! Or quelques jours plus tôt, Jean Martin Folz, président du comité d'éthique d'Alstom, avait déclaré que « depuis qu'il était à la tête d'Alstom, Patrick Kron a tout fait pour que l'entreprise adopte un comportement plus que convenable. Depuis dix ans, il a vraiment tout fait pour aller dans ce sens ».

Alstom dut payer une amende de 772 millions d'euros au département de la Justice américain.

Patrick Kron sortit par la grande porte avec au total 6,5 millions d'euros en 2016 pour le « dépeçage » d'Alstom et cela malgré le veto de l'assemblée générale des actionnaires qui avait rejeté ce pactole à 62 %. La Gouvernance française ne s'était pas grandie !

Le corps des Mines est parfois plus puissant que l'Afep que présida Jean-Martin Folz !

En Allemagne, dans un cadre très similaire où Siemens avait payé aux autorités américaines 800 millions de dollars d'amende pour corruption, le *board* de Siemens s'était retourné contre son CEO emblématique, Heinrich von Pierer, qui, pour mettre fin au conflit, avait dû payer 5 millions d'euros d'amende à Siemens. Une autre forme de gouvernance et d'éthique !

Quel bilan tirer de cette rémunération de la performance pour les patrons ?

Tout d'abord, il faut admettre qu'il est de plus en plus rare de voir aujourd'hui des comités des rémunérations proposer au conseil pour les dirigeants mandataires sociaux (dont le patron) des bonus qui ne correspondent pas à la réalisation des objectifs financiers. Ce qui est quantifiable ne peut guère être contesté. Les choix des indicateurs de performance sont presque toujours reliés à la stratégie et à l'attente de l'actionnaire. Les investisseurs et les agences de vote y veillent d'ailleurs.

Autant au début des années 1990, on s'assurait qu'il n'y avait pas un décalage trop important par rapport aux années précédentes, autant désormais ce sont les chiffres, rien que les chiffres qui importent, en tout cas pour les objectifs financiers.

Ensuite, il y a évidemment la question de la performance : par rapport à qui ?

Trop souvent, c'est la valeur absolue qui prévalait alors que dans un monde hyper-concurrentiel, le bonus pouvait être calculé également par rapport à des concurrents. Mais avec quelle intention ?

Chez PSA, Jean-Martin Folz que je rencontrai en 1998, peu après sa prise de fonction de président du directoire, voulait valider la compétitivité des rémunérations et plus précisément les bonus de l'ensemble de son équipe de direction. Il me demanda quels étaient les types de fonctions que j'allais retenir sur le marché pour dire si ces rémunérations et donc les bonus du patron de Citroën, du patron de Peugeot, et du directeur financier, tous trois membres du directoire qui lui rapportaient, étaient compétitives !

Je lui répondis, assez spontanément, que compte tenu de leur périmètre et de leurs rôles, je ne pouvais comparer ces deux grands patrons de Citroën et Peugeot, qui lui rapportaient directement qu'à des numéros 2 (ou tout comme) de très grands groupes comme le patron de l'exploration production ou du raffinage chez Total, le patron du verre chez Saint-Gobain… Pour le directeur financier, ce seraient les directeurs financiers des dix ou douze plus grands groupes français.

Jean-Martin Folz était d'accord pour le directeur financier mais n'était pas convaincu pour les deux autres membres du directoire car, me disait-il, « jamais les patrons de Citroën et de Peugeot n'iront travailler dans ces groupes qui ne sont absolument pas des concurrents. Les patrons de Citroën et de Peugeot, eux, ce sont de vrais patrons » !

Il pensait aussi en termes de statut. Comme ces deux dirigeants ne seront jamais présidents du directoire du groupe PSA, la seule comparaison qui lui venait à l'esprit, c'étaient les présidents de Mercedes et de BMW en France. Car, ajoutait-il, « lorsqu'on défend l'industrie automobile en France, ce n'est pas uniquement les patrons de Renault et

Peugeot mais aussi les patrons des autres marques qui deviennent des collatéraux face aux pouvoirs publics».

J'entendrai *grosso modo* la même remarque de la part de Charles de Croisset, président-directeur général du CCF (qui deviendra HSBC France) lorsque je lui indiquai qu'en termes de positionnement, on pourrait assimiler sa fonction à un numéro 2 de la Société générale.

Je l'entends encore me répondre: «Mais vous n'y pensez pas, cher ami, quand je vais discuter à l'AFB (Association Française des Banques), je suis au même niveau que le président de la Société générale.»

Au fond, s'il s'agissait de fidéliser un dirigeant susceptible de partir à la concurrence en prenant le poste suprême qu'il savait ne pas pouvoir obtenir en interne, la remarque de Jean-Martin Folz tenait complètement. Mais s'il s'agissait simplement de s'assurer de la compétitivité de la rémunération en comparant deux fonctions de même poids avec des périmètres comparables, une internationalisation et des enjeux tout aussi complexes dans des activités différentes, ça pouvait avoir du sens à partir du moment où l'on s'assurait que les statuts et la fonction suprême n'étaient pas le leitmotiv de ces dirigeants.

Lors des évaluations du fonctionnement des conseils d'administration que nous avons pratiquées à plusieurs reprises, l'interview des administrateurs nous permettait de comprendre qu'ils regrettaient que le rapport fait par le président du comité des rémunérations les mette devant le fait accompli. «Aucune alternative», nous disaient-ils dans la recommandation du président du comité des rémunérations. «Il nous propose tant de bonus ou tant d'actions de performance pour le PDG.» Toutefois, d'autres interviewés disaient aussi que si c'était pour recommencer le débat au conseil, ça ne servait à rien de faire travailler des comités !

Les comités et évidemment les conseils d'administration auraient pu être parfois plus critiques sur le «comment», notamment pour les objectifs personnels, poser davantage de questions sur la pertinence de ces objectifs qualitatifs ou indicateurs et sur les rapports qui leur étaient soumis. Cela leur aurait évité d'être mis en cause lorsque le patron était appelé à partir avant le terme de son mandat.

2000-2020 : LES CRITÈRES DE PERFORMANCE EN QUESTION...

Le départ d'un patron avant le terme de son mandat, c'était souvent (mais pas toujours) pour insuffisance de résultats ou pour une mise en œuvre de la stratégie qui était contestée par rapport aux attentes de l'actionnaire.

Constater que le PDG ou le directeur général évincé avait perçu au cours des années précédentes des bonus à 100 % ou quasiment était la preuve que le comité des rémunérations n'avait pas vraiment fait son boulot. Il avait sinon les moyens de lancer des alertes, notamment en réduisant le bonus au titre des objectifs individuels sur lesquels il avait la main !

Cela signifiait aussi que le patron et ses collaborateurs directs ne devaient pas être reconnus sur la base du seul marché, des benchmarks... Or, si les conseils externes sollicités présentaient évidemment des benchmarks, leur valeur ajoutée devait être aussi de dresser des constats et de formuler des recommandations par rapport au contexte du groupe et par rapport à la connaissance qu'ils avaient du marché (comment performent d'autres groupes et comment sont reconnus leurs dirigeants ?). Ce qui était fait lorsqu'on le leur demandait mais ce qui était rare, l'un des arguments retenus étant souvent « les conseilleurs ne sont pas les payeurs ». Ce qui est vrai mais ce qui ne devait pas et ne devrait pas empêcher les comités d'interroger les conseils sur ce qu'ils en pensent à partir des faits et des données qui leur sont communiqués et de la connaissance qu'ils ont du marché et de ses pratiques. Au comité ensuite et, *in fine*, au conseil de trancher en intégrant bien évidemment des points ou des situations internes que les conseils n'ont pas à savoir.

À cet égard, quelle ne fut pas ma surprise d'entendre un jour un administrateur de grand groupe me raconter à l'Institut français des administrateurs (IFA) que les études préparées par un conseil arrivaient au comité avec les seules pages consacrées au benchmark. *Exit* de l'étude, les constats et les recommandations ! Inutile de dire que le prestataire n'était pas invité à venir les commenter. On restait entre soi et il était facile ensuite d'imputer au conseil ce fameux syndrome de l'échelle de perroquet…

Chez Danone, nous demandions fréquemment dans notre rapport annuel pourquoi il existait un intéressement à moyen terme dont les conditions de performance étaient pratiquement identiques à celles du bonus annuel.

Franck Riboud, Emmanuel Faber et Bernard Hours, respectivement PDG et directeurs généraux délégués/administrateurs de Danone perçurent pendant longtemps des bonus annuels, des intéressements à moyen terme (appelés rémunération pluriannuelle ou *group performance units*) toujours au maximum et des intéressements à long terme (actions de performance ou *group performance shares*) avec des critères de performance pratiquement identiques. Cela ne retirait rien à leurs performances mais celles-ci étaient rémunérées plusieurs fois…

Sur le marché, les patrons étaient parfois surpayés par rapport à ce qui devait être. Outre le fait que c'était souvent le prix du marché, une des raisons était que les comités des rémunérations fixaient aux patrons des objectifs en très grande majorité financiers. Dans ce cas, si on payait les patrons uniquement en fonction des résultats attendus, peut-être devait-on les payer cher pour se doter des meilleures compétences sur le marché, permettant d'atteindre l'objectif financier attendu de l'actionnaire et d'avoir évidemment un effet sur la bourse. On le faisait d'autant que ce qu'ils allaient percevoir, même si le montant était important, était limité par rapport au résultat de l'entreprise.

Les comités des rémunérations, dans les recommandations faites au conseil, étaient également conduits à proposer de les payer « grassement » au départ car une période probatoire avait souvent été négociée par le PDG venu de l'extérieur : un bonus pratiquement garanti et des actions avec des conditions de performance *light*.

Le montant versé à la fin de la première année était alors consistant. La performance était censée suivre mais ce n'était pas toujours le cas et c'était difficile au terme de la deuxième année pour le comité de donner une mauvaise note et un commentaire peu convaincant. Si, en revanche, les objectifs fixés avaient, dès le début, été plus larges, plus qualitatifs et prenant davantage en considération le long terme, le nouveau PDG aurait été plus attentif à la réalisation de tous ses objectifs. Ainsi, malgré une évolution favorable ces dernières années des comités des rémunérations, dans leurs recommandations, pour intégrer d'autres critères non financiers liés notamment à la responsabilité sociétale des entreprises, au développement durable, la surrémunération des patrons non seulement en France mais en Europe et bien sûr aux États-Unis, a été due en grand partie à des critères essentiellement financiers avec trop souvent des mesures en valeur absolue (on se regarde le « nombril ») et non en valeur relative (on compare sa performance à celle des concurrents directs).

Cette pratique toutefois, comme il a été souligné, est remise en question aujourd'hui et beaucoup de comités des rémunérations recommandent à leurs conseils un plus grand équilibre entre la part purement financière et la part qualitative. Il est également recommandé d'avoir recours à des comparaisons avec la concurrence.

Il ne faudrait pas se méprendre cependant sur les modalités de versement du bonus. Un bonus, qui se traduit tout simplement du latin en français par « bon », suppose pour être versé que l'indicateur ou les indicateurs financiers retenus, synonymes dans le groupe de « création de richesse », soient au moment des résultats conformes à ce que le comité des rémunérations a arrêté comme objectifs. Encore faut-il que cette performance ne puisse pas ressembler quelques mois plus tard à de la terre brûlée.

Je me souviens d'une séance du comité de gouvernance chez Wendel où l'on s'interrogeait sur le bonus qu'il convenait de verser aux deux membres du directoire. J'avais fini par demander à Ernest-Antoine Seillière quelle était, selon lui, la condition pour verser du bonus. Il m'avait répondu : « Quand on a bien travaillé. » Et il avait poursuivi : « Et c'est le cas. »

Oui et non car la réponse est un peu équivoque. Oui, si « bien travaillé » signifie que la performance globale est au rendez-vous car il y a une dimension économique et financière à prendre en compte dans le bonus mais il faut aussi tenir compte du moyen terme afin d'éviter justement la terre brûlée.

S'il est versé à un patron un salaire élevé mais justifié qui rémunère son équation personnelle, ses performances cumulées au cours de sa carrière, le poids de sa fonction, des aspects comportementaux jugés clés comme celle d'avoir une vision stratégique, il aura beaucoup de cases à remplir pour doubler ce salaire, voire plus, avec la seule performance annuelle. En effet, on passe alors des objectifs permanents liés au salaire perçu mensuellement et inhérents au poste occupé à la partie variable annuelle, c'est-à-dire à la réalisation des objectifs financiers mais aussi à d'autres objectifs individuels de progrès ou de projets. Ces derniers doivent alors marquer sinon une percée pour le groupe (qui ne se verra que sur plusieurs exercices car des tas de paramètres rentrent en ligne de compte), du moins un changement, une avancée quantitative et qualitative et si possible mesurable ou appréciable avec objectivité.

2000-2020 : LES MONTANTS DE PARTS VARIABLES EN QUESTION…

À cela s'ajoute dans les groupes, à l'heure de la transparence, quelque chose qui choquait et qui continue de choquer : lorsqu'on rémunère, en effet, généreusement un PDG, notamment à travers un bonus énorme et qu'en même temps, en bas de la pyramide, les appels à la compétitivité, à la flexibilité et à la productivité, sans augmentation de salaires ou tout comme, sont devenus des injonctions permanentes !

Verser 1,8 million d'euros de bonus au titre de sa performance à un patron qui a déjà un salaire annuel d'1,1 million, et comparer ce montant avec les augmentations salariales annuelles gelées à 1 ou 1,5 % fait réagir, surtout lorsque le directeur des ressources humaines indique aux salariés à travers leurs représentants qu'on ne pouvait pas faire plus…

Les réseaux sociaux s'en donnent et s'en donneront de plus en plus à cœur joie, l'ambiance dans le groupe s'en ressentira et l'opinion publique continuera à manifester sa désapprobation. C'est pourquoi l'une des tâches, et non la moindre, du comité des rémunérations pour fixer les taux de bonus et ensuite apprécier la performance et le montant à verser doit être de prendre du recul et de ne pas ignorer forcément l'environnement et le contexte.

L'un des moyens pourrait être de diversifier davantage la composition des comités des rémunérations en allant chercher des compétences qui ne seraient pas forcément des administrateurs du groupe. C'est d'ailleurs quelque chose qui est parfaitement admis par la loi. J'y reviendrai plus loin.

L'entrée dans les comités des rémunérations d'administrateurs salariés était une piste mais probablement pas suffisante car des recommandations *touchy* peuvent être données en amont. Il faudrait aussi que l'administrateur salarié soit véritablement un porte-parole des salariés, ce qui est une autre paire de manches !

1990-2000-2010-2020 : L'ÉPINEUSE QUESTION DES BENCHMARKS

Le benchmark dans l'analyse de la compétitivité des rémunérations a toujours été et reste évidemment clé. Sélectionner un panel composé de groupes présentant des similitudes en termes de chiffre d'affaires, de capitalisation boursière, d'internationalisation est nécessaire pour évaluer la performance relative du groupe.

C'est une des tâches majeures des cabinets de conseil de présenter aujourd'hui au comité des rémunérations le panel sur lequel il va travailler. Il est donc indispensable que le comité valide ce choix.

Il y a quelques années, en 2015, nous avons conduit pour les responsables de la rémunération chez Atos, à la demande de son PDG, une étude sur la compétitivité de sa rémunération. Le comité des rémunérations était-il dans la boucle ? Je ne sais pas. Nous avons constitué un panel sur lequel *a priori* la direction en charge des rémunérations n'a pas formulé d'objections. Ce panel était composé de plusieurs groupes internationaux dans les mêmes activités qu'Atos ou en tout cas aussi proches que possible : infrastructures et *data management*, *business applications* et *platform solutions*, *big data*…

L'étude a été préparée et présentée au PDG et quelques semaines plus tard, on m'a rappelé en me disant que les groupes ne correspondaient pas à la dimension qu'aurait Atos quelques années plus tard, c'est-à-dire en 2018-2020, et que c'était par rapport à cette future taille d'Atos que devait être composé le panel !

On a tout recommencé mais là l'exigence d'Atos aurait dû être de dire en préambule dans quelle perspective ce panel devait être constitué.

La tâche du consultant dans ce cas est de répondre à la demande du client mais de bien indiquer comment il a travaillé et d'expliquer sa méthodologie.

2020-2030 : QUELQUES CONSTATS ET QUELQUES RECOMMANDATIONS…

Ce n'est pas en versant des rémunérations excessivement élevées à des grands patrons dans la pharmacie, le luxe, le secteur financier ou les médias sous prétexte de mondialisation et de la compétitivité que le pays sera toujours plus fort, surtout si cela se fait au détriment d'autres secteurs régaliens (santé, éducation, justice...) !

Chacun sait que la publication de la rémunération d'un patron dans un grand groupe donne le « la » de la politique de rémunération.

Il faut assurément bien traiter les patrons mais pas de manière démesurée à l'heure où tout se sait. On n'est pas aux États-Unis ni en Russie et, jusqu'à preuve du contraire, aucun PDG français n'a été recruté par un grand groupe américain pour en devenir le CEO. Et il n'est pas sûr que demain nos PDG les plus entrepreneuriaux veuillent aller faire fortune en Russie...

Il faudrait aussi qu'au moins une fois par an, et pas pour le principe, le DRH soit auditionné sur la politique de rémunération du groupe en France et dans le monde avec un minimum de ratios sur les rémunérations de haut en bas, salaires, bonus et attributions d'actions de performance. Il s'agit d'une pratique qui commence à s'institutionnaliser, même si elle reste timide. Les ratios d'équité rendus contraignants pour les grands groupes sont une avancée, même si, limités à l'Hexagone, ils n'ont pas toujours une grande signification...

En France, les recours à des conseils extérieurs pour le comité des rémunérations passent la plupart du temps par le DRH qui reporte au PDG. Il peut même encore arriver que le PDG demande que le rapport destiné au comité des rémunérations lui soit transmis et qu'il indique carrément ses exigences ! J'ai constaté ce genre de pratiques encore en 2018.

Ces pratiques devraient être prohibées par les conseils d'administration ou les conseils de surveillance dans leur règlement.

Chez Vallourec, Michel de Fabiani présidait le comité des rémunérations mais aussi la commission rémunération à l'IFA. Je lui avais exprimé d'une manière générale mes réserves sur les conflits d'intérêts auxquels nous pouvions être exposés en soumettant nos honoraires aux DRH (François Curie, DRH de Vallourec était sur ce point d'une totale loyauté). Il avait fini par demander qu'un budget pour les conseils extérieurs soit accordé au comité des rémunérations de Vallourec. La question fut ainsi tranchée. Elle le fut d'autant plus facilement que le comité était composé de membres totalement indépendants, que le président du directoire n'assistait jamais au comité et que le document sur sa rémunération ne transitait jamais par chez lui. Ni avant le comité, ni après. Certainement un exemple de bonne gouvernance à l'époque.

Chapitre 3

LES STOCK-OPTIONS OU LES ACTIONS GRATUITES : JUSTE RÉCOMPENSE OU DÉRIVE ?

Les stock-options, auxquelles se sont substituées pour une grande part les actions de performance, surtout après 2010, sont restées les principaux moyens au cours de ces trente dernières années, pour permettre aux patrons et aux principaux dirigeants des groupes de s'enrichir, parfois grassement. La question est évidemment de savoir si cet enrichissement a toujours été légitime et si, parfois, il n'a pas été excessif par rapport aux résultats de l'entreprise, au marché et aussi aux autres salariés du groupe longtemps laissés à la portion congrue.

Le grand mérite des stock-options est que c'est une relation gagnant-gagnant ! Si le cours monte ou a monté au moment des levées des options par rapport au prix d'attribution, les bénéficiaires et les actionnaires sont gagnants. Si le cours stagne ou baisse, les actionnaires, certes, ne sont pas gagnants et les bénéficiaires de ces stock-options ne peuvent pas lever leurs options. Ils ne gagnent rien mais ne perdent rien. Personne ne s'en sort bien.

Lorsque les stock-options sont apparues en France, essentiellement au début des années 1990, il s'agissait d'un outil déjà mis en œuvre au Royaume-Uni. Aux États-Unis, tous les CEOs et les équipes de management avaient dans leur package de rémunération un intéressement à long terme scindé en plusieurs parties, dont les stock-options et les *restricted stocks*, ces dernières étant tout simplement des actions gratuites dont la possession définitive était conditionnée par la présence dans l'entreprise.

Je rencontrais chaque année dans les années 1990 le responsable du comité des rémunérations de la Banque de Paris et des Pays-Bas pour lui donner un avis professionnel sur la compétitivité des rémunérations des principaux dirigeants de la Banque présidée par André Lévy-Lang.

Je l'interrogeai en 1995: «Comment étaient rémunérés les grands patrons avant l'arrivée des stock-options en France? Gagnaient-ils de l'argent en dehors de leur salaire et de leur participation aux bénéfices?» Il me répondit: «Certes, ça n'était pas aussi florissant que maintenant», mais, avec un sourire, il ajouta: «Vous savez, les patrons gagnaient surtout de l'argent au moment des introductions en Bourse ! »

Les stock-options, contrairement à des idées reçues, n'étaient pas valorisées sur la base de leurs espérances de gain. Leur valeur correspondait, au moment où elles étaient attribuées, au prix auquel on aurait pu les vendre au même moment sur le marché. Leur valorisation était basée sur une méthode (principalement la méthode Black & Scholes) qui prenait principalement en compte la volatilité du cours sur les trente-six derniers mois mais aussi d'autres paramètres tels que la durée du plan, le dividende, etc. La stock option représentait environ 30 % de la valeur du prix de l'action du moment.

Cette valorisation a fait l'objet rapidement de multiples polémiques, surtout lorsque le cours de l'action baissait après l'attribution de ces options. C'est ce qui s'est passé après la dégringolade de 2001 et 2002 suite à la bulle internet.

Cependant, ces stock-options ne pouvant être exercées dans la plupart des groupes qu'au bout de quatre ans et les plans durant en général entre huit et dix ans, les bénéficiaires pouvaient espérer en tirer un jour des gains non négligeables. En effet, avec des plans à huit ou dix ans, il était possible, voire presque certain, si le groupe prospérait en chiffre d'affaires et en rentabilité, qu'à un moment donné, entre le terme de la quatrième année et celui de la huitième ou de la dixième année, le cours de Bourse soit supérieur au cours d'attribution.

Il y avait également un avantage non négligeable pour les bénéficiaires au départ, c'est que la fiscalité sur la plus-value était beaucoup plus favorable que celle sur les revenus salariaux.

DES STOCK-OPTIONS RÉSERVÉES AU DÉBUT DES ANNÉES 1990 À DES *HAPPY FEW*...

Les stock-options, au début, ont été attribuées le plus souvent au patron et à son équipe de direction, c'est-à-dire sa garde rapprochée. Parfois un peu au-delà mais ça ne dépassait pas une vingtaine de personnes.

Les attributions annuelles faites à un PDG représentaient fréquemment dans les grands groupes jusqu'à trois fois leur salaire de base en valeur faciale, ce qui correspondait, valorisées, à environ un an de salaire.

Le numéro 2 d'un groupe et les membres du comité exécutif voire du comité de direction élargi recevaient respectivement 50 % et 10-20 % de l'attribution faite au patron. Parfois un peu plus, mais parfois aussi un peu moins.

En 1990, Thierry Desmarest, qui dirigeait à l'époque la branche Exploration-Production de Total, avait constaté le manque de compétitivité de la rémunération de ses équipes de direction. Édouard de Royère, qui présidait alors Air liquide, faisait le même diagnostic. Leurs discours étaient pratiquement les mêmes : « Si nous ne rémunérons pas mieux nos dirigeants et nos hommes clés avec des intéressements à long terme, nous les perdrons. Ils iront créer leur propre affaire et ils gagneront beaucoup plus d'argent. »

Marc Viénot, PDG de la Société générale, tenait un discours différent. Je le rencontrai en 1995 et il m'indiqua que ces stock-options étaient probablement un bon instrument mais à condition qu'elles restent limitées à des *happy few*, car, me disait-il, « si vous en attribuez à trop de monde, vous générerez des désillusions. Les arbres ne montent pas jusqu'au ciel. Si vous en attribuez à un cadre supérieur qui a été très performant et que le marché se retourne, il aura le sentiment que ce que vous lui donnez de la main droite, vous lui reprenez de la main gauche. Si ce cadre supérieur est à haut potentiel et si vous ne le compensez pas puisqu'il ne va pas pouvoir exercer ses options, vous le perdrez ». Ceci signifiait qu'il valait mieux rémunérer ces cadres clés avec du cash plutôt qu'avec du papier.

FIN DES ANNÉES 1990 : LES STOCK-OPTIONS SONT ATTRIBUÉES ÉGALEMENT AUX CADRES CLÉS ET AUX MEILLEURS *PERFORMERS*

Qu'à cela ne tienne ! Les groupes comprirent tout le bénéfice qu'ils pouvaient tirer de l'élargissement du nombre de bénéficiaires : reconnaissance des meilleurs performers, rétention des cadres identifiés à haut potentiel avec comme principale motivation : l'adéquation de l'attente de l'actionnaire avec les intérêts des bénéficiaires…

Jusqu'en 2000, les cours grimpèrent et ils grimpèrent indéfiniment. Les patrons et quelques dirigeants (ces fameux *happy few* !) à qui il avait été attribué des options quelques années auparavant s'enrichirent.

À la fin de l'année 2000, nous atteignîmes des cours très élevés, le CAC 40 frôlant les 7 000 points… jusqu'à la bulle internet qui se traduisit, fin 2001, par un effondrement progressif mais continu sur un an de tous les cours. De près de 7 000 points, le CAC 40 tomba à 2 500 points. Autant dire que pour les attributions de stock-options à partir de 1997 et jusqu'à la fin 2001 voire 2002, elles ne valaient plus rien et que, sauf retournement spectaculaire, elles étaient perdues. Or les *happy few* du début s'étaient élargis et depuis la fin des années 1990, c'étaient parfois une centaine de cadres dirigeants et supérieurs, parfois plus, qui avaient bénéficié de ces stock-options. Leur désillusion était à la mesure de leur espérance ! Marc Viénot avait été devin !

Seuls les patrons et leur comité exécutif qui avaient reçu ces stocks au début des années 1990 avaient eu le temps de les exercer et d'empocher leurs plus-values parfois considérables car le marché n'avait cessé de grimper, surtout au cours des quatre années qui avaient précédé le passage dans le troisième millénaire. Beaucoup de groupes, pas forcément performants, avaient été tirés par ce marché. D'autres, en revanche, performaient durablement et ça n'était que justice que les cours traduisent ces performances. C'était le cas de L'Oréal, d'Air liquide, d'Essilor International et de quelques autres.

2002 : Bertrand Collomb, PDG de Lafarge et la valorisation des options

Les benchmarks présentaient pour les PDG et présidents de directoire l'ensemble des éléments de rémunération, c'est-à-dire le salaire, le bonus, la rémunération monétaire (c'est-à-dire salaire + bonus) ; s'y ajoutait la valorisation des options attribuées chaque année. Or au début des années 2000, l'envolée des cours avait changé quelque peu la donne car la valorisation des options, si elle prenait en compte la volatilité du titre au cours des trente-six mois précédents (modèle Black and Scholes), dépendait aussi du cours de l'action au moment de l'attribution de l'option.

Lors des attributions de stock-options à Lafarge, le cours chutant de manière continue, la valorisation instantanée des options, élevée eu égard au nombre attribué et à la volatilité passée du cours, rendait la rémunération globale de Bertrand Collomb compétitive, ce qu'elle n'était plus forcément en pratique quelques semaines plus tard lorsque le cours avait continué de chuter. Au fond, il eût fallu valoriser tous les jours !

Bertrand Collomb m'appela donc un matin fin 2001 ou début 2002 et me dit qu'il se retrouvait avec un package de rémunération faussement compétitif par rapport à ses homologues du CAC 40, le cours de l'action Lafarge ne cessant de baisser : « Votre valorisation Black & Scholes, ça n'est pas approprié du tout… » J'essayai de lui expliquer que c'était une valorisation à un moment T (c'est-à-dire au moment de l'attribution), que tous les groupes étaient traités à la même enseigne et que le plan durant huit à dix ans comme dans presque tous les groupes, il aurait probablement d'ici le terme du plan les moyens de lever ses options quand le cours remonterait. Enfin j'ajoutai que l'année suivante, il lui serait attribué de nouvelles options prenant en compte le cours du moment ! Autrement dit, à supposer que des attributions soient perdues car le cours ne remonterait pas à un niveau lui permettant de réaliser des plus-values (ce qui n'était pas sûr), arriverait un moment où le cours cesserait de baisser et à ce moment-là, les attributions lui permettraient probablement de bénéficier d'un effet d'aubaine[10] !

---

10. Effet permettant à un bénéficiaire de stock-options ou d'actions qui lui ont été attribués à un prix très bas, suite à un

Rien n'y faisait. Il trouvait pernicieuse cette manière de valoriser les options. C'était d'ailleurs le même diagnostic que faisait Alain Joly, PDG d'Air liquide. Tous deux demandaient que la présentation des attributions d'options dans les tableaux soit faite désormais à partir de la valeur faciale, c'est-à-dire la valeur du prix d'attribution de l'action, qui était fixé souvent à l'époque avec une décote de 5 %.

DÉCEMBRE 2004 : LES ACTIONS GRATUITES SONT CENSÉES SE SUBSTITUER AUX STOCK-OPTIONS

En 2003-2004, Towers Perrin avait réalisé une enquête mondiale sur la perception qu'avaient les bénéficiaires de stock-options. Au total, 15 000 entreprises furent interrogées. Le verdict fut sans appel : plus on descendait dans la hiérarchie, et plus la perception des stock-options était mauvaise. 30 % des dirigeants gardaient dans le monde une opinion encore positive des stock-options malgré la dégringolade des cours lors des trois années précédentes mais ce taux tombait à 5 % d'opinions favorables lorsqu'on interrogeait les cadres

---

krach ou à une chute progressive mais continue du cours, de percevoir le moment venu, quand le cours aura rebondi, une forte plus-value. L'effet d'aubaine est alors largement indépendant de la performance du bénéficiaire.

supérieurs ou les cadres performers ou identifiés à haut potentiel. Leur déception était à la dimension des espérances qu'ils avaient eues lorsqu'ils avaient reçu leurs stock options. Ces attributions avaient été souvent accompagnées d'une belle lettre du PDG qui les remerciait de leur forte implication dans le développement et les performances du groupe et qui les invitait à poursuivre dans cette voie.

Bref, en France, les stock-options étaient critiquées.

Les Anglais de leur côté avaient déjà commencé à renoncer aux stock-options et mettaient en place des *performance shares*, c'est-à-dire des actions de performance. Les Américains maintenaient les stock-options avec d'autres formes d'intéressement à long terme qui complétaient leur dispositif.

C'est alors que naquit en France l'idée d'attribuer des actions gratuites avec des conditions de performance, mais cette fois-ci à davantage de bénéficiaires. Bien que ça ne fût pas dit officiellement, l'intention était quand même que les conseils d'administration dans les attributions aux principaux dirigeants des groupes, dont le premier d'entre eux, se montrent plus raisonnables dans les montants attribués, sans pour autant les mettre à la diète.

Édouard Balladur se chargea de faire une proposition de loi en en faveur des actions gratuites. Elle fut rédigée par Patrick Suet, secrétaire général de la Société générale et adoptée par le Parlement. Les actions gratuites de performance allaient en réalité s'ajouter comme outil d'intéressement à long terme aux stock-options, qui n'étaient pas pour autant abolies et qui restaient l'apanage des dirigeants.

Les actionnaires ne voyaient pas ce nouveau dispositif d'un mauvais œil malgré les risques de dilution du capital car dans les groupes qui procédaient à des augmentations de capital par souscription d'actions, le nombre attribué serait forcément moindre par rapport aux options.

Le dosage retenu fut d'une action pour trois options dans les groupes les plus généreux et d'une pour quatre en majorité.

La réalité allait démontrer au début que les groupes n'avaient nullement l'intention de modifier fondamentalement leurs pratiques. Les attributions restèrent statutaires pour les équipes de direction qui recevaient principalement des stock-options et une petite quantité d'actions alors qu'au contraire pour les performers, les cadres identifiés à potentiel et ceux ou celles que l'on voulait reconnaître, l'accent était plutôt mis sur des actions gratuites.

Les conditions de performance pour l'attribution des actions jusqu'à la crise de 2008 se limitaient le plus souvent à des conditions de performance complaisantes. Certains groupes retenaient la seule condition de présence au terme des quatre années à l'instar des *restricted stocks* aux États-Unis, attribuées aux seuls dirigeants.

Les patrons d'une manière générale conservaient un montant et une valeur d'options et d'actions identiques à ce qui leur avait été attribué auparavant. Le « tarif » pour le PDG était l'équivalent d'un an de salaire en options et actions valorisées pratiquement tous les ans.

Le cours des actions remonta jusqu'à la crise de 2008. Le spectre de 2001 avec la dégringolade des cours restait dans les mémoires, d'où ces attributions d'options et surtout d'actions qui s'équilibraient petit à petit et qui éviteraient une nouvelle désillusion. On commençait alors sur le marché à prendre goût aux actions, c'est-à-dire qu'on se disait « un tiens vaut mieux que deux tu l'auras », et ce d'autant plus que les conditions de performance étaient loin d'être hors d'atteinte !

Chez Towers Perrin, on continuait néanmoins à défendre les stock-options avec un succès mitigé car le marché évoluait dans le sens des actions.

Il m'arrivait ainsi d'aller perturber des comités des rémunérations, dont les membres étaient censés représenter les actionnaires, et de leur dire quelque chose comme : « Le directeur financier, lors de la dernière assemblée générale, a déclaré que votre groupe avait des perspectives de croissance et de rentabilité spectaculaires et qu'une politique d'actionnariat allait être mise en place à côté des attributions annuelles d'actions aux dirigeants et aux plus méritants. Comme les conditions de performance que vous comptez mettre en place sont liées uniquement à des indicateurs du compte d'exploitation, que direz-vous dans deux ou trois ans au petit actionnaire qui reviendra à l'assemblée générale et qui, même si le cours de l'action a baissé, ne pourra que constater que le management s'est enrichi à ses dépens avec ces actions gratuites qu'ils n'ont jamais payées ? »

Bref, avec ces actions gratuites, on respectait moins l'actionnaire, contrairement aux stock-options qui ne pouvaient être levées que si le cours montait.

En 2012, j'ai appelé Patrick Suet à la Société générale pour lui dire que cette loi sur les actions gratuites avait été largement dévoyée dans ses intentions. Depuis, il était vrai que les conditions de performance des actions étaient devenues plus exigeantes, qu'elles n'étaient plus liées uniquement à des indicateurs de performance interne et qu'une majorité de groupes retenaient désormais des critères de performance basés sur des comparaisons externes. Il était toutefois regrettable que, dans des attributions d'actions gratuites, il fût encore possible d'en recevoir, notamment pour l'équipe de direction générale lorsque la performance était au-dessous de la médiane de l'indice de référence retenu ou qu'il existait des moyens de repêchage (appelé *retesting*), si la performance n'avait pas été réalisée lors de l'année N ou de l'année N+1.

Quand on observait depuis trente ans l'intéressement à long terme des grands patrons en France qui s'était traduite par des attributions de stock-options jusqu'en 2005 puis essentiellement par des attributions d'actions gratuites depuis 2010, la période 2005-2010 ayant été un peu une période de transition entre les stock-options et les actions gratuites, que constatait-on ?

- Jusqu'en 1995, les patrons performants dans la durée ne s'étaient pas vraiment enrichis avec l'intéressement à long terme qui n'en était qu'à ses débuts. En outre les cours d'actions montaient peu.
- De 1995 à 2001, les attributions de stock-options devinrent annuelles et ce fut progressivement l'envolée des gains pour ceux qui avaient pu réaliser leurs options avant la dégringolade 2001-2002.
- De 2004 à 2008, nouvelle envolée des gains car les options d'actions attribuées en 2001 et 2002 voire 2003 avaient été faites à des cours bas voire très bas. Lorsque les options avaient été levées avant la crise financière de 2008, elles avaient permis aux bénéficiaires de dégager de substantielles plus-values.
- De 2008 à 2010, petite diète ! Certains groupes ont fait l'impasse et n'ont attribué ni stock-options ni actions gratuites. Les codes de gouvernance se mettaient en place. On se tenait à carreau !
- Depuis 2010, c'était reparti et depuis maintenant quelques années (du moins avant le

Covid), les PDG du CAC 40 reçoivent le plus souvent entre 150 et 180 % de leurs salaires de base en actions. Ce qui a changé, c'est que les conditions de performance sont devenues nettement plus exigeantes.

Durant toute cette période, chaque groupe a eu une politique d'intéressement à long terme. Même des groupes parapublics, mutualistes voire familiaux (non cotés) ont mis en place des intéressements à long terme reposant sur du cash.

Quelques exemples…

2007 : Guillaume Poitrinal, PDG d'Unibail : « J'ai 85 % de mon patrimoine dans Unibail »

J'ai bien connu Léon Bressler, PDG du groupe Unibail jusqu'en 2005. Le salaire de base de Léon Bressler était largement décalé par rapport à celui de ses confrères non seulement du CAC 40 mais aussi du secteur foncier. « Au fond, disait-il, l'actionnaire m'attend sur la création de valeur que je suis censé créer en sachant acheter et/ou vendre. Je laisse à mon directeur général le soin de gérer le quotidien. »

Il réussira magnifiquement avec un sens du risque hors du commun, une capacité à savoir détecter les bonnes opportunités.

La rémunération des dirigeants d'Unibail et de son numéro 1 était dictée par cette philosophie : « Rémunérer pour ce que l'on fait (performance) et non pour ce que l'on est (statut, poids de la fonction). » Au début des années 2000, lorsque j'ai conseillé ce groupe, c'est grâce à son bonus et aux options qu'on lui attribuait chaque année, que Léon Bressler a pu gagner des sommes d'argent élevées mais qui restaient à des niveaux raisonnables, comparés à l'extérieur. Il est vrai que le président du comité des rémunérations, Roger Papaz, ex-directeur général des AGF à l'époque des nationalisations, veillait au grain, marqué par les échelles et les niveaux de rémunération qui étaient alors pratiqués dans cette grande compagnie d'assurances.

J'ai moins bien connu le successeur de Léon Bressler, Guillaume Poitrinal, qui a réalisé la fusion avec Rodamco. Lors d'un comité des rémunérations, dont il n'était pas membre (le rapport Bouton ne le permettait pas) mais auquel il assistait tout comme son prédécesseur, je me souviens l'avoir entendu dire un jour : « Je vais vous dire quelque chose : j'ai tout mon patrimoine dans les options que j'ai levées et dans les actions d'Unibail qui m'ont été attribuées. » Sans attendre que le président du comité des rémunérations me donne la parole, j'ai immédiatement interrompu le PDG : « Je pense que c'est beaucoup trop… » Réponse cinglante du PDG : « Curieux d'entendre un consultant dire une chose pareille ! Je n'ai jamais vu ça. » Silence autour de la table. Prendre le contrepied du PDG n'est pas toujours chose facile, surtout sur un tel sujet ! Eh bien, l'un d'eux s'y est risqué, Henri Moulard, qui avait présidé la banque ABN-AMRO en France, puis Generali : « Je pense Guillaume que Charles Henri Le Chevalier a raison car mettre tous ses œufs dans le même panier peut se révéler dangereux même si, Guillaume, vous n'êtes bien évidemment pas en cause. On peut imaginer que, dans certains groupes, des PDG aient l'œil fixé sur le cours de Bourse avec une vision court-termiste. » Le débat se poursuivit alors, sans que j'eusse vraiment envie de reprendre la parole, car c'était aux administrateurs de trancher mais rapidement ce fut l'ordre du jour qui prévalut.

Quelques semaines plus tard, il me fut demandé discrètement de passer la main. Heureusement, Towers Perrin resta l'un des conseils d'Unibail Rodamco…

2009 : Wendel, l'effet d'aubaine[11]

Wendel, en tant que société de *private equity*, connut une période de gloire à la fin des années 1990 et au début des années 2000 sous la houlette

---

11. Voir note de bas de page p. 114.

d'Ernest-Antoine Seillière. Il avait recruté en 2001 Jean-Bernard Lafonta, un ingénieur du corps des Mines qui avait une grande expérience de la banque d'affaires. Devenu dès son arrivée directeur général, il s'inspira des grandes firmes internationales d'investissement, fit prendre par le groupe de superbes participations et fut nommé président du directoire en 2005.

Le package de rémunération du directoire et des *managing directors* était composé alors d'un salaire, d'une part variable annuelle et d'options d'actions. Celui du président du directoire était très compétitif puisqu'en 2007, son bonus annuel pouvait atteindre 100 % de son salaire. Sa rémunération totale se situait au niveau haut du marché des PDG du CAC 40, d'autant que les options d'actions et actions gratuites qui lui étaient attribuées étaient généreuses, ce qu'il semblait ignorer lorsque je le rencontrai.

Lorsqu'il me fut demandé par le comité de gouvernance, dans le cadre du renouvellement du directoire qui était arrivé au terme de son mandat, de lui proposer un nouveau package de rémunération, je savais que le président du directoire avait eu dans les mois précédents la main moins heureuse, du moins en termes de timing, car il avait fait prendre une participation par Wendel dans le groupe Saint-Gobain au plus mauvais moment. Cette prise de participation coïncidait pratiquement avec la crise financière mondiale (2007-2008). Chacun des dirigeants de Wendel ayant donc investi dans le cadre de ce co-investissement, ce fut la débandade. La chute des bourses et notamment du cours de Saint-Gobain et de Wendel se traduisit par la mise en danger du groupe dont il fallut alors renégocier la dette. Le cours de Wendel en quelques mois était tombé de 140 euros à 16 euros ! Entre-temps, *exit* le président du directoire et, pour le remplacer, le conseil choisit l'un de ses membres, Frédéric Lemoine, qui, à 45 ans, avait déjà un parcours riche : directeur financier de Capgemini, secrétaire général adjoint de l'Élysée, président du conseil de surveillance d'Areva...

Frédéric Lemoine cochait pratiquement toutes les cases pour le job à ce moment précis.

Sa feuille de route était simple : renégocier la dette (déjà bien entamée), définir une stratégie beaucoup moins ambitieuse de la société étroitement contrôlée par le conseil de surveillance et surtout ne pas prendre de nouvelles prises de participation dans l'immédiat.

Lors du comité de gouvernance qui suivit la nomination du nouveau président, l'ordre du jour portait sur le nombre d'options d'actions et d'actions à attribuer au directoire, et d'abord à son président, dans un contexte fortement baissier. Il était suggéré par le comité de gouvernance d'accorder le même nombre qu'à son prédécesseur avec des conditions de performance pour ses options. Ainsi il ne pourrait lever ses options qu'après deux, trois et quatre ans à condition que le cours boursier ait performé d'un certain pourcentage.

Le directoire souhaitait que l'ANR (actif net réévalué) de Wendel soit l'indicateur mais je convainquis le comité que sur cette condition de performance le directoire et l'actionnaire, à travers le cours de Bourse, devaient être alignés. On retint donc le cours de Bourse.

Frédéric Lemoine, que le comité de gouvernance fit venir dans la salle, écouta attentivement les pratiques du marché que je décrivais. Il n'émit pas d'objection aux conditions de performance et demanda qu'on lui attribue le même nombre d'options et d'actions que son prédécesseur. C'était une exigence de sa part qui pouvait avoir sa légitimité si on attribuait chaque année à la même époque le même nombre d'options ou d'actions indépendamment du cours de l'action, conformément à une politique de rémunération très définie.

J'indiquais cependant au nouveau président que « ce n'était pas à l'ancien directeur financier de Capgemini que j'allais apprendre ce qu'était un effet d'aubaine ». On y allait tout droit. « Attribuer le même nombre d'options et d'actions qu'à votre prédécesseur, luis dis-je, mais à un cours aussi bas, qui s'est effondré, fût-ce avec des conditions de performance, qui restent *light*, c'est excessif ! »

Sourire discret des membres du comité de gouvernance et mécontentement visible du président du directoire qui admettait, cependant, le principe des conditions de performance.

Je savais que la renégociation de la dette et que la remontée du cours étaient en bonne voie.

Il sera finalement attribué au directoire les options et les actions qu'il demandait. Wendel se redressera. L'effet d'aubaine marcha !

2009 : Société générale, les options de Daniel Bouton

L'État apporta 1,7 milliard d'euros à la Société générale pour restaurer ses fonds propres dans le cadre de la grave crise financière née à la suite des subprimes et de la déconfiture de Lehman Brothers. Le conseil d'administration de la Société générale, sur recommandation du comité des rémunérations présidé par Jean-Martin Folz, qui présidait également l'Afep, décida d'octroyer, dans le cadre du plan de stock-options, 70 000 et 150 000 options respectivement à Daniel Bouton, président du conseil d'administration et à Frédéric Oudéa, directeur général. Ce plan fut établi sur la base des cours les plus bas depuis dix ans.

Daniel Bouton qui hissa la Société générale au cours de son mandat à un très haut niveau, fut perçu dans l'affaire Kerviel comme un dirigeant qui n'avait pas mis en place les contrôles nécessaires. Comme un malheur n'arrive jamais seul, la crise financière survenant, ces attributions de stock options générèrent un tollé à la Société générale mais aussi dans l'opinion publique. Daniel Bouton et Frédéric Oudéa durent renoncer à leurs stock-options. Le comité des rémunérations ne sortit pas grandi de cet épisode peu glorieux. L'effet d'aubaine n'allait pas jouer…

2008 : LA PLUS-VALUE DU PRÉSIDENT DU DIRECTOIRE DE VALLOUREC

Il pouvait arriver que le PDG, le président du conseil d'administration d'un groupe ou encore le président d'un conseil de surveillance vous contacte à intervalles réguliers et que ça soit avec vous qu'il veuille parler. Ce fut le cas, avec Jean-Paul Parayre, président du conseil de surveillance de Vallourec.

Jean-Paul Parayre souhaitait régulièrement faire le tour du marché, connaître les pratiques et surtout ne pas tenir son information exclusivement de l'interne, même s'il savait très bien que nous vendions au management de Vallourec toute une série d'études qui lui aurait apporté des réponses à ses questions.

J'avais remarqué que chaque année, il revenait avec toujours la même question : « Quel est le montant d'options et d'actions valorisé attribué cette année, dans notre panel, aux mandataires sociaux ? »

Chez Vallourec, il s'agissait du président et d'un membre du directoire. J'avais défini, avec Jean-Paul Parayre, non sans mal, un panel de groupes correspondant aux caractéristiques de Vallourec. Parfois, ce panel était modifié à la marge mais cela n'entraînait guère de conséquences sur les attributions d'options et d'actions observées sur le marché en 2005, 2006 et 2007. De toute façon, les mandataires sociaux de Vallourec n'en recevaient plus depuis quelques années. Jusqu'au jour où je lui ai demandé pourquoi il me posait toujours la même question puisqu'il ne tenait jamais compte des réponses que je lui apportais, les attributions d'options ou d'actions pour des mandataires sociaux dans le CAC 40 et même dans d'autres groupes étant annuelles. Jean-Paul Parayre parut un peu agacé par ma question. Il me convia cependant à déjeuner. C'était un homme jovial mais compliqué. Au fond, il supportait mal qu'on puisse essayer de comprendre le fond de sa pensée qui n'était pas simple.

J'eus quand même droit à la réponse à ma question.

« J'ai besoin de connaître les pratiques à ce jour, me répondit-il, car, comprenez-vous le président du directoire actuel de Vallourec a reçu en 2002 20 000 options à un cours à l'époque qui était de 9 euros. Or, le cours maintenant approche les 1 000 euros ! Pourquoi voudriez-vous que je lui en attribue encore ? » Sous-entendu : il a certes contribué au succès de Vallourec, mais avec ces gains énormes à ce jour, ça suffit!

Jean-Paul Parayre ne se livrait pas sans contrepartie. Comme il avait fini par accepter ma question, il me demanda alors de lui préparer une étude gracieuse qui lui permettrait de comparer les gains obtenus par les deux mandataires sociaux de Vallourec depuis leurs attributions en 2002 par rapport à des attributions d'options valorisées conformes au marché qui leur auraient été faites chaque année depuis la même date. « Sachant, ajouta-t-il, que vous devrez intégrer dans votre étude que le président du directoire lors de son attribution en 2002 n'occupait pas encore cette fonction et que Vallourec, à cette époque-là n'était pas au CAC 40 ! » Autant d'éléments à prendre en compte qui ne facilitaient pas le travail.

Inutile de dire que le document que je lui remis montrait que ces deux dirigeants avaient dégagé, par leur attribution de 2002, des gains beaucoup plus substantiels que ceux qu'ils auraient obtenus par la seule valorisation annuelle d'options ou d'actions annuelles attribuées sur le marché pour des dirigeants occupant des fonctions comparables aux leurs.

La question, toutefois, reste aujourd'hui entière : si les performances annuelles du groupe et donc du patron deviennent avec le temps conformes à l'attente de l'actionnaire (mais sans plus), doit-on continuer à lui attribuer chaque année des options ou (désormais) des actions gratuites alors qu'il a «fait fortune» dans ce même groupe?

À cette question que j'avais posée à l'IFA, Nicole Bouton qui présidait le comité des rémunérations de Pernod Ricard me répondit: «Je ne vois pas pourquoi on n'attribuerait plus d'actions à un PDG sous prétexte qu'il a fait fortune dans ce groupe dans le passé. Si les attributions sont annuelles sur le marché pour un PDG, on doit lui attribuer des actions conformément à sa fonction!»

Je ne suis pas complètement d'accord. Les actions de performance ayant le plus souvent succédé aux options, il faudrait simplement que des attributions à des patrons qui se sont déjà enrichis soient assorties de conditions de performance très exigeantes et au moins en partie relatives aux performances du secteur. L'appréciation portée sur la performance du patron devrait se faire chaque année en fonction du facteur temps: quelles ont été ses performances depuis qu'il est à la tête du groupe et quelle a été sa rétribution totale, quel potentiel représente-t-il pour l'avenir de la société et, s'il va au terme de son mandat, que devrait-on lui attribuer en termes d'actions et avec quelles exigences? La réponse ne doit pas être automatique.

Il faudrait aussi, en songeant à l'avenir, attribuer davantage d'actions aux cadres performers, identifiés à potentiel et qui contribuent à tirer le groupe sans pour autant être contraint de demander une allocation en capital supplémentaire à l'assemblée générale. Cela pourrait passer par une diminution du nombre d'actions attribuées chaque année au PDG et à sa garde rapprochée s'ils se sont déjà largement enrichis et par une attribution également sans conditions de performance à ceux et celles qui ont passé toute leur carrière dans le groupe en démontrant des qualités de loyauté et de fidélité. Des conditions de performance pour cette dernière catégorie ne sont pas justes car chacun sait que leur impact sur la création de richesse et donc sur le cours de l'action n'est pas direct. Un juste partage de la richesse passe par là.

Essilor International : les actions d'Hubert Sagnières

Essilor était un groupe un peu à part dans le CAC 40. Il s'agissait au départ d'une coopérative ouvrière (Essel). Par sa fusion avec Silor, s'était formée une association d'actionnaires salariés (Valoptec). Cette association d'actionnaires détenait 8,8 % du capital d'Essilor avant sa fusion avec Luxottica et 17 % des droits de vote grâce à un mécanisme des droits de vote double octroyés après une détention de deux ans. Ce fut d'ailleurs cette association qui contribua fortement par son poids et par sa représentation au conseil à nommer le PDG.

Il existait également une spécificité liée à cet actionnariat : la politique d'Essilor était toujours délibérément tournée vers l'actionnariat.

En 2013, dix mille salariés avaient pu accéder au capital.

La grande figure d'Essilor reste à ce jour Xavier Fontanet (voir chap. 8) qui a instillé une culture de la performance.

Son successeur, Hubert Sagnères, continua avec la même philosophie basée sur la performance. Toutefois, chez Towers Watson, au cours des années 2015-2018, j'insistais dans mes études annuelles censées accompagner le comité des rémunérations d'Essilor sur un dosage plus équilibré entre le fixe et le variable demandé par le code Afep-Medef. Le cours d'Essilor avait en effet beaucoup monté puisqu'il dépassait 100 euros et le taux de bonus du nouveau PDG avait été revu à la hausse. Ainsi, la partie du variable représentait plus de 80 % de sa rétribution. Trop selon le code Afep-Medef.

Un dirigeant d'Essilor International, très impliqué dans le comité des rémunérations, m'appela un jour pour me demander de changer le panel composé de groupe industriels au profit de groupes de grande consommation. La ficelle, selon nous, semblait un peu grosse mais j'obtempérai car me disait-on « le rapprochement avec Luxottica change la nature des activités du nouveau groupe ». Je dus donc, à cette demande expresse, rajouter des groupes européens de grande consommation (Danone en France), ce que j'écrivis dans mon rapport pour démarquer le cabinet et ce qui fit monter évidemment les niveaux de rémunération, les bonus et l'intéressement à long terme d'Hubert Sagnières.

Je me souviens aussi lui avoir recommandé que son nombre d'actions attribué ne dépasse pas 35 000, ce qui plaçait déjà l'intéressement à long terme d'Hubert Sagnières au niveau haut du marché ! Mais rien n'y fit, le comité des rémunérations décida de lui attribuer 50 000 actions et réajusta son salaire en le passant de 800 000 à 1 150 000 euros ! Peu de temps après, une crise de gouvernance survint entre Essilor et Luxottica sur la répartition des rôles. Les actionnaires salariés et retraités d'Essilor regroupés dans Valoptec votèrent massivement contre la rémunération d'Hubert Sagnières, président de cette association. Hubert Sagnières décida de démissionner de cette association sans renoncer toutefois à son poste de vice-président directeur général d'Essilor Luxottica, mais sans le soutien de ses actionnaires ! D'aucuns pourront se demander quelle était alors sa légitimité !

QUE FAUT-IL RETENIR DE TOUT CELA ?

D'abord, qu'il aurait été beaucoup plus sain pour la fixation du salaire et des autres formules d'intéressement des mandataires sociaux et donc du patron que le comité des rémunérations dispose d'un budget spécifique pour éviter que les prestataires externes auxquels il pouvait avoir recours soient tributaires du management opérationnel.

Chez Essilor, nous recevions des demandes d'étude destinées au comité des rémunérations et on peut penser qu'avant que le dossier ne parvienne au comité, il passait par d'autres mains… et pas n'importe lesquelles.

Par ailleurs, le vote négatif de l'association des actionnaires d'Essilor International à l'égard de leur patron signifiait que cette volonté de maintenir la culture et les valeurs qui avaient habité le groupe appartenait au passé.

Malgré une politique qui se voulait résolument participative et qui le restait par rapport à d'autres groupes du CAC 40, les écarts de rémunération totale entre le PDG et les autres salariés se creusaient durablement et cela sans même aborder le lieu de résidence (Singapour) du patron qui faisait polémique à un moment où les problèmes de gouvernance auraient pu le pousser à venir se localiser à Milan ou à Paris. Mais là, c'était aussi le devoir du conseil d'administration de lui dire où il devait résider !

Enfin, il pouvait et il pourrait être souhaitable qu'un actionnariat encore plus poussé qu'il n'est aujourd'hui chez Essilor permît aux salariés de bénéficier davantage des plus-values résultant de la création de valeur. Cela toutefois ne serait pas sans risques car dans les retournements de conjoncture, et les coups de tabac étant toujours possible, les plus pénalisés seraient les salariés et les bas salaires. C'est pourquoi chez Essilor Luxottica et dans les groupes qui souhaitent promouvoir l'actionnariat, il serait prudent de prévoir à travers les différents mécanismes qu'une partie soit investie en actions diversifiées.

Je me souviens, il y a une vingtaine d'années, d'un des premiers plans d'actionnariat mis en place chez Alstom qui avait tourné au cauchemar pour les salariés lorsque le cours avait lourdement chuté.

Plus tard, à la Société générale, un cadre supérieur de la direction des ressources humaines me raconta qu'il avait placé tous ses participations et ses intéressements collectifs dans un plan d'épargne d'entreprise avec des actions de la Société générale. Il décida de faire une donation à ses petits-enfants. Hélas, il n'eut plus que ses yeux pour pleurer car le cours s'était effondré après l'affaire Kerviel, survenue pratiquement au moment de la crise financière.

Chapitre 4

LES RETRAITES-CHAPEAUX : PRIME À LA FIDÉLITÉ OU ABUS ?

Les retraites-chapeaux versées aux dirigeants et au premier d'entre eux dans les grands groupes resteront l'un des sujets les plus polémiques de ces trente dernières années.

Conçues et présentées le plus souvent comme des primes à la fidélité pour les bénéficiaires afin qu'ils restent jusqu'à leur retraite dans l'entreprise, ces retraites dites chapeaux étaient un complément de revenu différé non négligeable pour la retraite et en outre entièrement financées par l'entreprise, contrairement au régime général de retraite où tous les salariés cotisent chaque mois.

Si ces retraites-chapeaux ne choquaient pas en 1990, c'est d'abord parce que le système du régime général (Sécurité sociale et Agirc-Arrco) n'était pas aussi chahuté qu'il l'est aujourd'hui avec ses déficits permanents qui se sont creusés de manière abyssale depuis vingt-cinq ans. Ensuite, peu de groupes avaient mis en place des parts variables conséquentes dans leurs rémunérations. Ainsi, l'assiette du calcul de cette retraite supplémentaire était en très grande partie constituée du salaire fixe.

Les retraites-chapeaux étaient calculées sur la moyenne des trois dernières rémunérations annuelles et supposaient que ceux qui en bénéficiaient restent présents dans l'entreprise jusqu'à ce qu'ils fassent valoir leurs droits à la retraite.

Aux heureux élus, elles permettaient, ajoutées au régime général (Sécurité sociale, Arrco et Agirc), de partir en 1990 avec plus de 60 % de leurs dernières rémunérations annuelles.

Les trois groupes français les plus engagés, à notre connaissance, dans cette retraite-chapeau en France étaient probablement Air liquide, PSA et le Crédit agricole. Nous ne connaissions pas à l'époque les retraites prévues pour les dirigeants de L'Oréal qui restait de toute façon très discret sur la rémunération directe et différée de ses dirigeants.

Air liquide et PSA garantissaient à tous leurs cadres, faisant valoir leurs droits à la retraite, respectivement 70 % et 60 % de leurs dernières rémunérations annuelles. Au Crédit agricole, la retraite permettait et permet encore de partir avec 70 % du dernier salaire fixe.

En 1994, un an avant son départ de la présidence d'Air liquide, je rencontrai Édouard de Royère pour un sujet autre que celui des retraites-chapeaux mais j'évoquai quelques instants le régime très généreux qu'offrait Air liquide à ses collaborateurs. Édouard de Royère qui savait déjà que ce système ne serait pas éternel m'indiqua qu'il faudrait fermer ce régime dès lors que son coût dépasserait 11 % de la masse salariale.

On va y arriver très vite !

Car les rémunérations des dirigeants vont s'enflammer, notamment avec l'augmentation des parts variables. Le coût de ces retraites supplémentaires également.

Jusqu'à la fin des années 1990, certains groupes continuent à mettre en place ces régimes supplémentaires pour une catégorie de dirigeants, en garantissant à ces derniers parfois jusqu'à 40 % de leurs dernières rémunérations, voire plus. Mais, depuis, des nouveaux régimes, qui laissent bien évidemment intacts les droits obtenus pour les anciens et futurs retraités bénéficiaires du régime chapeau précédent, prévoient le plus souvent des régimes additifs qui leur permettront d'ajouter à leur retraite du régime général 25 % de leur dernière rémunération.

Chez Vivendi, en 2004, le directeur des ressources humaines, m'indiqua qu'il souhaitait « faire quelque chose pour les nouveaux dirigeants » qui soit « raisonnable mais correct ». Les nouveaux dirigeants avaient en effet une très faible ancienneté chez Vivendi !

Je donnai des instructions dans ce sens à la consultante de chez Towers Perrin, en charge des retraites et qui me paraissait la plus appropriée pour ce type de missions. Je lui indiquai aussi que certains dirigeants bénéficiaient déjà des retraites supplémentaires obtenues chez Rhône-Poulenc devenu Aventis…

Quelques semaines plus tard, l'étude était prête et fut adressée au directeur des ressources humaines de Vivendi. Or, alors que j'avais pris quelques jours de vacances, je fus appelé un matin sur mon portable par le directeur des ressources humaines, assez fâché qui me dit: « Mais qu'est ce qui se passe, vous m'avez envoyé une marxiste léniniste ! » Je compris rapidement que ce qu'il voulait, c'était un régime plus généreux. Comme quoi, les anciens régimes n'étaient pas complètement oubliés… et les nouveaux étaient perçus comme peu attractifs si l'ancienneté était faible.

La publication des régimes de retraite des grands patrons et mandataires sociaux à partir de 2005 va révéler rapidement des montants inaudibles pour l'opinion publique surtout lorsque la performance n'est pas au rendez-vous. Mais c'est souvent la communication des groupes qui laissera à désirer.

2005 : La retraite-chapeau de Daniel Bernard, PDG de Carrefour, en question

J'avais rencontré Daniel Bernard en 1996 au siège de Carrefour, avenue Raymond-Poincaré à Paris. À l'époque il en était le président du directoire. Carrefour et Promodès n'avaient pas encore fusionné. Il m'était demandé d'expliquer à Daniel Bernard comment on classait les fonctions dans un grand groupe, comment on les positionnait ensuite en termes de rémunération et quels étaient les packages de rémunération généralement proposés pour des dirigeants…

Il m'indiqua que la politique de Carrefour était de « ne rémunérer que la performance, rien que la performance » et que les stock-options n'étaient attribuées que « si les résultats de l'année précédente avaient été très bons voire excellents ». Sinon c'était 0. Pour la retraite, en dehors du régime général, il n'était pas question d'aller au-delà. « Pas de retraite-chapeau », insista-t-il !

Quelques années plus tard, néanmoins, une retraite-chapeau fut mise en place chez Carrefour, à la suite de la fusion avec Promodès.

Lorsqu'en 2005, il fut demandé par l'actionnaire à Daniel Bernard de partir, les rémunérations étaient publiques et l'opinion apprit que l'ensemble des éléments de rémunération pour ses conditions de départ s'élevaient à plus de 30 millions d'euros.

L'opinion publique fut scandalisée : on découvrit qu'il percevrait une retraite-chapeau de 1,241 million d'euros par an jusqu'à son décès.

Finalement, les 30 millions d'euros et quelques étaient une provision, et non un versement ponctuel, qui comprenait une simulation de ce que coûterait sa retraite jusqu'à son décès ainsi qu'une une clause de non-concurrence.

Les arguments de Daniel Bernard pour justifier sa retraite supplémentaire étaient les suivants :

- rapprochement avec Promodès qui a fait de Carrefour le deuxième groupe mondial du secteur ;
- sur le plan boursier entre 92 et 94, multiplication du cours par 10 ;
- chiffre d'affaires de 1992 à 2004 multiplié par 4, parc de magasins par 20, résultat net par 8 entre 1992 et 2003 ;
- implantation de Carrefour dans 30 pays en 2004 contre 7 en 1992 ;
- aux yeux de plusieurs administrateurs, gratification particulièrement méritée

L'actionnaire répliquait :

- perte de confiance dans Daniel Bernard depuis quelques années ;
- évolution défavorable de la situation du groupe entre 2000 et 2004 avec une progression moins forte dans les résultats par rapport aux concurrents internationaux (Tesco…) et français ;

– cours de l'action passé de 91,75 euros en 2000 à 39,46 euros en février 2005, soit une sous-performance de 57 % alors que l'indice sectoriel n'avait baissé que de 27 % et le CAC 40 de 25 % ; la bulle internet de 2001 ayant provoqué une énorme chute des cours dans le monde.

La cour d'appel en 2008 infirma le premier jugement qui autorisait le versement d'une retraite supplémentaire pour Daniel Bernard de 1 241 000 euros par an et donna raison aux actionnaires du groupe qui considéraient que Daniel Bernard n'avait pas rendu de services particuliers justifiant une retraite supplémentaire qui, le concernant, n'était pas conforme aux conventions réglementées désormais en vigueur.

Ce fut le premier scandale sur les retraites-chapeaux. *In fine*, Daniel Bernard ne reçut aucune retraite. Voilà qui était conforme à ce qu'il pensait, en tout cas dix ans avant !

2012 : Lars Olofsson quitte la présidence de Carrefour

Towers Perrin devenu Towers Watson en 2010 réalisait chaque année pour Carrefour des études, principalement sur la rémunération de ses dirigeants, mais il m'était demandé, en tant que responsable de la relation commerciale avec ce groupe, de faire préparer un état sur les pratiques de marché concernant les régimes de retraites supplémentaires pour les dirigeants.

L'étude fut confiée à notre département en charge des retraites et le document final adressé à la direction des ressources humaines de Carrefour précisait les pratiques du marché sur les conditions d'ancienneté pour prétendre à une retraite-chapeau, la vitesse d'acquisition des droits à la retraite, les montants selon l'ancienneté pour un PDG et les membres du comité exécutif.

Les données présentées étaient très claires : l'ancienneté requise pour être éligible au système de retraite supplémentaire des dirigeants était le plus souvent de cinq à dix ans. Une formule d'acquisition progressive des droits à la retraite était définie ; cette formule permettait d'atteindre 650 000 euros de rente annuelle *ad vitam*, pour un PDG ayant plus de vingt ans d'ancienneté dans le groupe.

Moins de trois ans et demi après son arrivée chez Carrefour en novembre 2008, il fut demandé à Lars Olofsson de partir. Or, on découvrit que cette retraite-chapeau allait lui permettre de percevoir 420 000 euros *ad vitam* au titre de ces trois ans et cinq mois passés chez Carrefour.

Stupeur dans l'opinion car l'information était publique, stupeur également chez Towers Watson qui n'avait jamais conseillé d'accorder dix ans d'ancienneté voire plus à un dirigeant qui avait rejoint un groupe quelques années avant sa retraite.

L'abus était caractérisé à première vue mais quand on regardait de plus près, on s'apercevait que Lars Olofsson, en acceptant la proposition de Carrefour d'en devenir le directeur général puis le PDG, avait mis comme condition de compenser ce à quoi il renonçait en quittant Nestlé France. Or, Lars Olofsson y disposait d'une retraite supplémentaire. Les administrateurs de Carrefour et le président du conseil d'administration, Amaury-Daniel de Sèze, qui était à la manœuvre, voulaient absolument qu'il dirige le groupe. Ils n'avaient pas d'autre choix. Il fallait le compenser.

Dès lors un rachat de ses droits précédents fut opéré ainsi qu'une modification du régime de retraite supplémentaire à la fois pour Lars Olofsson et les autres dirigeants qui, ayant rejoint le groupe durant la deuxième moitié de leur carrière, profiteraient de cette modification du régime de retraite.

Ainsi, le document de référence de Carrefour en 2009 indiquait que les dirigeants ayant rejoint le groupe après 45 ans bénéficiaient d'une reconnaissance d'ancienneté pouvant aller jusqu'à dix ans. Par exemple, une personne ayant passé cinq ans dans l'entreprise pouvait, selon l'âge auquel elle avait rejoint le groupe, percevoir une retraite calculée sur quinze ans d'ancienneté.

Sans trop vouloir les accabler, on pouvait s'étonner de la générosité du comité des rémunérations qui avait versé des bonus à Lars Olofsson tout au long de son mandat pour lui demander finalement de partir avant la fin de ce mandat, la chute du cours boursier ayant sonné le glas. Or sa retraite-chapeau était assise sur le salaire plus le bonus !

Mais encore à cette époque, le formalisme n'étant pas complètement respecté, les comités des rémunérations pouvaient démarrer au téléphone, puis se tenir formellement et se prolonger toujours par téléphone... N'y avait-il pas de la part du comité un souci inavoué de continuer à compenser ce à quoi Lars Olofsson avait renoncé en quittant Nestlé ?

Ce fut le deuxième scandale qui choqua à nouveau l'opinion publique.

Un troisième scandale fit sensation en 2014 au moment du départ de Philippe Varin de PSA. Ce dernier, laissant sa place à Carlos Tavares, partit avec une provision calculée pour sa retraite de 21 millions d'euros, et ce, après à peine cinq années passées à la tête du groupe automobile.

Les syndicats et une partie du personnel politique s'indignèrent d'autant plus qu'au même moment onze mille postes furent supprimés dans le groupe pour en améliorer la compétitivité.

Mais là aussi il s'agissait de compenser pour Philippe Varin de tout ce à quoi il avait renoncé en venant chez PSA. Dans un premier temps il accepta sous la pression de l'opinion aidée par une communication désastreuse de renoncer à sa retraite puis il fut décidé par le conseil de surveillance de PSA de lui verser au titre de sa retraite 300 000 euros par an. En effet la mission d'assistance qu'il avait assumée à la suite de son départ en tant que président du directoire lui avait permis de réaliser au total cinq années chez PSA, ce qui était la condition pour bénéficier de cette retraite.

Aussi curieux que cela puisse paraître, la retraite de certains patrons passa parfois presque inaperçue auprès de l'opinion publique mais il est vrai que lorsque leur performance avait été excellente ou exceptionnelle, reconnue par tout le marché, personne ne se risquait à critiquer.

La retraite de Lindsay Owen-Jones, PDG de L'Oréal, évoquée chez Wendel

En 2010, au comité de gouvernance de Wendel, qui ne disposait pas de régime de retraite supplémentaire pour ses dirigeants, Ernest-Antoine Seillière, président du conseil de surveillance, me demanda quel était le montant de retraite pour un patron du CAC 40.

La question était légitime car si la société Wendel n'avait pas prévu de régime de retraite-chapeau pour ses dirigeants, le comité voulait connaître les pratiques pour s'assurer que la politique de co-investissement était compétitive, ce dont personne ne doutait.

Je lui répondis que les benchmarks réalisés entre 2000 et 2010 montraient, à la médiane du marché, qu'un patron du CAC 40, avec une ancienneté dans le groupe d'une vingtaine d'années, avait la perspective de partir à la retraite avec un montant global de 650 000 euros (régime général + retraite-chapeau).

J'ajoutai que certains groupes avaient conçu des régimes de retraite-chapeau beaucoup plus généreux. C'était le cas chez Danone et Air liquide. Mais il en était un qui se distinguait. Ainsi, d'après le document de référence de L'Oréal, la retraite totale annuelle de Lindsay Owen-Jones, ancien PDG, au moment où il avait fait valoir ses droits à la retraite, était de 3, 4 millions d'euros soit 283 000 euros par mois. Sourire dans la salle et étonnement d'Ernest-Antoine Seillière. Mais c'est le président du comité de gouvernance qui déclencha le fou rire : « N'oubliez pas que Lindsay Owen-Jones a un voilier de compétition de 25 mètres dans le port de Saint-Tropez avec un équipage à nourrir... »

Question : les performances exceptionnelles de L'Oréal durant la présidence de Lindsay Owen-Jones, que traduisaient la croissance annuelle d'un chiffre d'affaires à deux chiffres, une rentabilité exceptionnelle, la valorisation boursière du groupe et donc, l'enrichissement de ses actionnaires, justifiaient-elles un tel montant de retraite pour son PDG ? Ce montant versé jusqu'à sa mort était-il acceptable pour l'opinion publique et pour le personnel de L'Oréal, sachant qu'il avait déjà été rémunéré très au-delà du marché français et qu'il avait, avec ses rémunérations, ses stock-options et ses actions, les moyens de préparer largement sa retraite, voire de se constituer un gigantesque patrimoine ?

Dit d'une autre manière, que faut-il penser au juste de ces retraites-chapeaux, telles qu'elles étaient et ont été mises en œuvre ?

Le débat reste ouvert : la récente portabilité des droits pour les dirigeants éligibles ne les oblige plus à être présents dans l'entreprise pour bénéficier d'un régime supplémentaire. C'est un avantage non négligeable. Cependant, les droits acquis se font année après année, sont égaux à un pourcentage de la rémunération perçue lors de l'année considérée (et non plus sur la rémunération de fin de carrière) et sont soumis à des conditions de performance. Le total des droits accumulés ne peut pas excéder 30 %. Dans ces conditions, il est difficile pour un bénéficiaire de percevoir une allocation supérieure à 20 % de sa dernière rémunération.

Dans ce débat, nous avons d'un côté, l'opinion publique, les syndicats, une partie du personnel politique et beaucoup de salariés qui ne comprennent pas et ne comprendront jamais que des dirigeants déjà bien payés avec des salaires, des bonus et des actions gratuites qu'ils ne paient par définition, touchent en plus *ad vitam* une rente avec réversion, sans jamais avoir cotisé, par rapport aux autres salariés. C'est ainsi que lorsqu'il est demandé à un patron de partir en raison de performances contestées et que sont communiquées ses indemnités de départ et le cas échéant sa retraite supplémentaire, l'opinion crie au scandale, ce qui est évidemment logique.

D'un autre côté, nous avons des conseils d'administration qui souhaitent que les groupes se dotent des meilleurs talents pour leur permettre de réaliser tous leurs objectifs et sont prêts pour cela à faire provisionner des montants chaque année pour leurs retraites, à la charge exclusive des entreprises malgré le coût que cela représente. Ils souhaitent donc les fidéliser. À une époque, on disait aussi qu'il s'agissait de « menottes dorées » pour les bénéficiaires car en les fidélisant avec une retraite dite chapeau, on devait les garder jusqu'à ce qu'ils fassent valoir leurs droits à la retraite. À supposer qu'on veuille finalement s'en séparer avant leur retraite, les indemnités de départ devenaient importantes !

Concernant les excès ou les abus, la responsabilité en incombe aux chasseurs de têtes, pas toujours très imaginatifs, aux administrateurs et aux comités des rémunérations qui n'ont pas essuyé directement la colère populaire. En effet, l'opinion publique montre du doigt le patron du groupe qui le plus souvent a subordonné sa venue à la condition que l'on compense ce à quoi il a renoncé en quittant son groupe.

Il y a aussi le Code Afep-Medef qui, appelé à mettre de l'ordre dans les rémunérations, n'a guère contribué à stopper les abus en écrivant qu'« afin de prévenir tout abus et en complément des règles légales, il est nécessaire que le pourcentage maximum du revenu de référence auquel donnerait droit le régime de retraite supplémentaire ne saurait être supérieur à 45 % du revenu de référence (rémunérations fixes et variables annuelles dues au titre de la période de référence) ». Sans commentaire ! mais sûrement inaudible pour une opinion éclairée.

Depuis la présidence de Nicolas Sarkozy les bénéficiaires (retraités) de ces retraites-chapeaux s'offusquent car ils subissent, une taxe de 14 %, voulue et obtenue par François Fillon, sur le montant perçu qu'ils ne peuvent déduire de leur impôt sur le revenu. Or étant pour la plupart du temps imposés au taux marginal de l'impôt sur le revenu, le jour où ils font valoir leurs droits à la retraite, ils se retrouvent imposés globalement à 45 % + 4 % (hauts revenus) + 1 % (assurance vieillesse) + environ 6 % (CSG/CRDS après déductibilité) + 14 % (taxe Sarkozy) soit + de 65 % ! Ainsi avec une retraite-chapeau de 500 000 euros, il leur restera un peu moins de 175 000 euros !

D'où une frustration de la part des retraités aujourd'hui bénéficiaires de ces retraites chapeaux et le souci des groupes désormais de prévoir d'autres systèmes de retraite moins onéreux pour l'entreprise et moins imposés pour les bénéficiaires.

Là encore, on peut dire que l'opinion publique depuis la publication de ces retraites a joué son rôle ! Je voudrais raconter, à ce sujet, une histoire vécue.

Il y a quelques années, sur les planches de Deauville, j'aperçois, un jour, Jean-Louis Debré qui marche dans ma direction, l'écharpe au vent. Il a l'air jovial et je me sens en mesure de l'aborder. Il est alors président du Conseil constitutionnel.

Jean-Louis Debré est tout de suite très chaleureux, d'autant que je le félicite de la solidité de notre Constitution de la Ve République à laquelle son père a tant œuvré.

Nous passons rapidement à des sujets plus grinçants et je lui dis d'abord que certaines lois ne devraient pas être votées car relevant du pouvoir réglementaire. Il ne réagit pas vraiment sauf pour me dire curieusement que «force doit rester à la loi!». Ensuite je l'informe que certaines lois votées sont déclarées constitutionnelles par le Conseil alors qu'à mon sens, elles ne le sont pas naturellement. Là, Jean-Louis Debré me répond: «Vous savez cher ami, nous ne sommes pas parfaits et entre le 15 décembre et le 31 décembre de chaque année, nous devons rendre des décisions avec un personnel très réduit, nous sommes surchargés.» Je lui indique alors que les retraites-chapeaux font l'objet d'une taxe à 14%, que cette taxe n'étant pas déductible, l'imposition au taux marginal dépasse 65% pour les bénéficiaires.

Sans le dire clairement à Jean-Louis Debré, je sous-entends que le tollé suscité par le scandale des retraites-chapeaux exerce peut être une influence sur le juge. Les jugements rendus prendraient-ils en compte le contexte ? Demi-sourire de Jean Louis Debré. Nous nous quittons.

La décision du Conseil constitutionnel d'imposer de manière exceptionnelle les bénéficiaires de cette allocation complémentaire à hauteur de 14 % sans pouvoir la déduire de l'impôt sur le revenu trouve son fondement dans le fait que dans le régime chapeau, les salariés bénéficiaires ne contribuent pas à leur rente puisqu'ils ne versent aucune cotisation s'y rapportant. Le Conseil constitutionnel a jugé cette disposition fiscale (14 %) conforme au principe d'égalité devant les charges publiques.

Soit ! Mais ce prélèvement aurait pu logiquement être déduit de l'assiette globale du revenu imposable du bénéficiaire

En résumé, les grands dirigeants et patrons se déclarent souvent outrés de cette sur-imposition qu'ils jugent confiscatoire tandis que l'opinion publique considère cette retraite-chapeau comme un abus.

Pour conclure, on conviendra que :

– ces retraites-chapeaux, dont les régimes sont aujourd'hui pour la plupart fermés, atteignent parfois pour des dirigeants, qui sont partis à la retraite, partent ou vont partir, des montants considérables. La retraite-chapeau de Lindsay Owen-Jones (3,4 millions d'euros par an), celle de son successeur, Jean-Paul Agon (plus d'1,5 million d'euros) celle de l'ancien PDG de Danone Franck Riboud (plus d'1,7 million d'euros) et celle d'Antoine Zaccharias, PDG de Vinci (2,1 millions d'euros) sont en effet très difficilement audibles pour l'opinion publique quand on sait que ces dirigeants ont été largement rémunérés avec des bonus, des stock-options et des actions gratuites de performance ;

- les montants moyens et médians des retraites-chapeaux pour des PDG, basés sur une ancienneté dans leurs groupes d'une vingtaine d'années, ne sont certainement plus aujourd'hui de 650 000 euros comme c'était le cas au cours de la période 2000-2010 car les nouveaux patrons, venus de l'extérieur ou promus ne disposent pas ou plus de ces régimes à prestations définies qui furent incroyablement généreux ;
- tout au cours de cette période (1990-2020), certains groupes, y compris dans le CAC 40, se sont tenus à l'écart de cette façon de faire et ont proposé à leurs dirigeants et donc au premier d'entre eux des suppléments de retraites raisonnables et qui n'ont jamais défrayé la chronique. Ils se reconnaîtront ;
- ces retraites-chapeaux aujourd'hui n'ont plus le vent en poupe car la transparence contraint les conseils à plus de vigilance afin d'éviter les

scandales qui peuvent rejaillir sur l'image de probité des groupes ;

– les coûts pour l'entreprise de ces retraites-chapeaux et les taux d'impôt pour les bénéficiaires étant aujourd'hui élevés, la tendance, dès lors, est plutôt de trouver des alternatives pour assurer à ces dirigeants un supplément de revenu différé.

Le nouveau système de retraite supplémentaire censé se substituer au régime chapeau est un essai pour moraliser ces anciens régimes et faire taire certaines récriminations. D'aucuns estimeront que l'abus persiste. La réforme des retraites envisagée laisse les cadres supérieurs non éligibles à ce régime supplémentaire se débrouiller tout seuls pour se constituer une retraite lorsque les bénéficiaires de ce régime supplémentaire, sans rien cotiser, recevront une allocation.

C'est pourquoi il serait beaucoup plus sain de permettre à des dirigeants comme à des cadres supérieurs, au-delà du plafond du régime Agirc actuel, de prévoir une tranche supplémentaire et/ou un système de capitalisation avec des cotisations de l'employeur et du salarié permettant de couvrir la part de la rémunération jusqu'à par exemple 500 000 ou 600 000 euros, et ce en relevant les seuils de réintégration fiscale et sociale.

Au-delà d'une rémunération annuelle de 500 000 ou 600 000 euros, on peut penser que les dirigeants et les patrons mettront d'office de l'argent de côté pour leurs vieux jours…

Même en considérant que l'avenir n'est pas rose pour les retraites, on mentionnera qu'au Royaume-Uni, aucun nouveau régime à prestations définies (l'équivalent de nos régimes chapeau) n'est mis en place et que la part employeur des systèmes à contributions définies est réintégrée dans l'assiette imposable au-delà de 10 000 livres par an (11 800 euros) ! Aujourd'hui, au Royaume-Uni, dans un grand groupe, la part employeur des cotisations est de l'ordre de 8 % du salaire, le salarié cotisant à 4 %. Cela revient à dire qu'on est plutôt mieux lotis que nos voisins anglais, que l'on soit dirigeant ou non !

Chapitre 5

LES INDEMNITÉS DE DÉPART D'UN DIRIGEANT : LOT DE CONSOLATION OU JUSTE RÉTRIBUTION ?

Les indemnités de départ des patrons furent un autre sujet de polémique.

Il faut se souvenir, d'abord, que, selon la loi, le mandataire social est révocable *ad nutum* et qu'il ne peut prétendre à aucune indemnité !

Je me rappelle un échange avec un PDG du CAC 40 au début des années 1990 qui me justifiait le niveau de sa rémunération par sa responsabilité pénale, en tant que mandataire social et par le fait qu'on pouvait effectivement le «virer» du jour au lendemain sans qu'il puisse revendiquer le moindre centime. À l'époque, ce qui pouvait vraiment le protéger, c'était le cumul du mandat social avec un emploi salarié indépendant de ce mandat. Mais les groupes n'avaient pas tous prévu ce cumul. Il fallait en plus prouver que le contrat de travail salarié était bien indépendant du mandat social, ce qui n'était pas évident pour un patron qui venait de l'extérieur et qui devenait immédiatement mandataire social ! On faisait parfois des montages un peu « bidon » avec des holdings dans lesquelles on élaborait un contrat de travail salarié pour le dirigeant patron qui y percevait l'essentiel de sa rémunération, le salaire du mandat social étant nul ou très bas. Au titre de ce contrat de travail, les dispositions de la convention collective s'appliquaient alors avec des rachats d'année d'ancienneté le cas échéant et/ou un parachute doré (*golden parachute*) qui était souvent prévu au cas où le conseil d'administration déciderait de se séparer du PDG.

En tout cas, tous ces montages ne satisfaisaient pas les patrons (PDG) car ces indemnités pouvaient être remises en cause si la ficelle était un peu grosse.

Ceux qui n'avaient aucune protection, à l'exception de l'assurance des mandataires sociaux qu'ils pouvaient contracter, cherchaient souvent à obtenir une promesse écrite du conseil au cas où il leur serait demandé de partir.

Je me souviens ainsi d'une décision du tribunal de commerce dans les années 1990 à propos de l'indemnité de révocation demandée par un patron, indemnité que refusait de lui verser son conseil d'administration.

Que s'était-il donc passé ?

Le PDG étant en fonction depuis plusieurs années, l'un des administrateurs habilités lui avait signé, peu après sa prise de fonctions, une promesse d'indemnisation de deux années de salaire s'il lui était demandé de partir sur-le-champ. Le conseil avait validé cette promesse. Il disposait donc du document signé par le Conseil.

Depuis cette époque, les administrateurs du groupe avaient été beaucoup renouvelés et le nouveau conseil en fonction depuis quelques mois avait décidé de changer le PDG. Ce dernier fit donc valoir l'indemnité à laquelle il avait droit mais le conseil refusa de lui verser en arguant des mauvais résultats de l'année précédente. Le PDG révoqué saisit alors le tribunal de commerce, sur la base de cette promesse écrite. Eh bien, le tribunal de commerce trancha en faveur du PDG en disant notamment qu'un conseil d'administration savait très bien que le mandataire social était «révocable *ad nutum*» et qu'il ne pouvait prétendre à aucune indemnité; mais en s'engageant à lui verser une indemnité qu'il savait ne pas être dans l'obligation d'honorer compte tenu de la loi, il se rendait coupable de dol car rien ne l'obligeait à cocontracter avec le PDG! L'indemnité était donc due.

Bref, cela n'empêchait pas, au début des années 2000, de rendre la situation des mandataires sociaux bancale au regard de leur protection en cas de révocation!

Finalement, la loi Breton de 2005 donna son onction à des indemnités de départ en en faisant une convention réglementée (votée par l'assemblée générale des actionnaires). Désormais, les mandataires sociaux (c'est-à-dire notamment les patrons) pouvaient partir sous certaines conditions avec une indemnité s'ils étaient révoqués. Le code Afep entérina quelques années plus tard ce nouveau dispositif limitant à deux ans l'indemnité de départ. Il conditionnait sa mise en œuvre d'abord à un départ contraint (changement stratégique) et ensuite à des conditions de performance appréciées sur deux exercices au moins.

Aujourd'hui l'opinion retient que des patrons sont partis avec des indemnités souvent scandaleuses parce qu'ils ont coulé leurs boîtes et/ou mis au chômage des milliers de salariés !

Mais ça n'a pas, heureusement, toujours été le cas.

Quelle a été la réalité dans les grands groupes ?

Il y a eu évidemment des départs qui ont interpellé ; pas toujours pour les mêmes raisons :

En 1999, bien que les rémunérations ne fussent pas encore publiques, on apprit que l'indemnité de départ[12] de Philippe Jaffré, PDG d'Elf, s'élevait à

---

12. Quelques années plus tard, en 2003, je fus convoqué à la brigade financière de Nanterre sans connaître la raison de cette convocation. C'était en tout cas en rapport avec mes activités

40 millions de francs (soit 6 millions d'euros), à laquelle il fallait ajouter ses stock-options dont la

---

puisque la convocation était adressée au cabinet. En arrivant un beau matin d'octobre vers 8 h 30, je fus accueilli par un brigadier qui me proposa immédiatement un café avec un croissant. Puis il entra avec un sourire contenu dans le vif du sujet : «Vous êtes au courant des indemnités de M. Jaffré ? Vous avez rédigé ce rapport ? C'est bien vous ?» Comment pouvait-il en être autrement puisque ce rapport était signé de ma main ? Sauf que rédigé en 1997, il faisait un constat sur la rémunération de Philippe Jaffré par rapport au marché. Cette rémunération s'élevait alors à 4 millions de francs (610 000 euros), à laquelle s'ajoutait un bonus de 2 millions de francs (305 000 euros). Je lui demandai, poliment, ce qu'il attendait en plus de moi. « Mais ces indemnités dont tout le marché parle, c'est vous qui les avez proposées ou suggérées ?» me demanda-t-il, d'un ton aimable. Je lui répondis qu'en aucun cas mon cabinet n'avait été associé aux conditions du départ de Philippe Jaffré. Ni oralement, ni par écrit. Je lui demandais comment il avait eu accès à ce rapport vieux de 1997. « C'est le comité des rémunérations de Total que nous avons convoqué et qui nous a remis votre rapport. Ils disent que ce ne sont pas eux. Ils nous ont suggéré de vous rencontrer. »

À 10 h 30, je sortais sain et sauf !

Je connaissais bien sûr le montage effectué par Elf sur l'attribution d'un intéressement à long terme glissant basé sur des stock-options (sur cinq ans) pour ses principaux dirigeants au prix d'attribution de 1997. Nous n'y avions pas été associés du tout. Ces attributions osées car très *border line* posèrent quelques problèmes après la fusion Total-Elf Fina car tous les dirigeants venant d'Elf, bénéficiaires de ce plan et incorporés dans la nouvelle équipe de direction de Total, réalisèrent des plus-values gigantesques, et Philippe Jaffré le premier.

valeur faciale représentait environ 200 millions de francs ce qui, valorisé, représentait environ 9 millions d'euros. Cette indemnité sur laquelle Philippe Jaffré ne donna pas d'explications fit scandale dans l'opinion en 2003.

En 2006, Noël Forgeard, fragilisé par la vente controversée de ses actions EADS dont il avait retiré une plus-value de 2,5 millions, et ce quelques semaines avant l'annonce de retards dans le programme Airbus de l'avion géant 380, fit les frais de ce retard et dut partir. Airbus annonça un plan de dix mille suppressions d'emploi. Pourtant Noël Forgeard perçut six mois de préavis et une indemnité de départ de 4,9 millions d'euros.

Également en 2006, Antoine Zaccharias, qui avait hissé Vinci à un tout premier rang dans la construction au niveau mondial, fit valoir ses droits à la retraite. Il partit avec une indemnité votée en 2000 sur proposition du comité des rémunérations de l'époque, qui correspondait à une prime de départ égale à trois fois le montant de sa dernière rémunération annuelle. Or Antoine Zaccharias avait fait mettre en place en 2003 un système de rémunération basé uniquement sur du variable sans plafond, ce qui lui avait permis de faire passer sa rémunération annuelle de 2,9 millions d'euros en 2003 à 3,3 millions en 2004 puis à 4,3 millions en 2005. L'indemnité de départ s'éleva donc à 12,9 millions d'euros. Ce n'était pas sa performance qui était en cause mais la démesure, et ce d'autant plus qu'il ne partait pas avec cette seule indemnité !

En 2008, Patricia Russo, directrice générale, et Serge Tchuruk, président du conseil d'administration, quittèrent Alcatel Lucent avec respectivement 6 millions d'euros et 5,7 millions d'euros d'indemnités de départ. Le plan social prévoyait 12 500 licenciements.

En 2009, il fut révélé que Liliane Bettencourt, actionnaire de référence de L'Oréal, avait versé 100 millions d'euros net d'impôts à Lindsay Owen-Jones, ancien PDG, en remerciement de tous ses apports au groupe qu'il avait considérablement enrichi. Lindsay Owen-Jones se justifia en assurant qu'il était « patron salarié de L'Oréal » et « l'entrepreneur délégué des Bettencourt ». Ce montant prêta à polémique parce qu'il avait été dissimulé. Ce don était resté secret alors qu'il aurait dû être déclaré au conseil d'administration, comme tout avantage particulier donné par un actionnaire à un administrateur, *a fortiori* au président du conseil.

En 2011, Lars Olofsson, PDG de Carrefour, partit avec 1,5 million d'euros de clause de non-concurrence. Ce qui apparut un peu paradoxal pour quelqu'un qui restait sur plusieurs *profit warnings* (des avertissements sur résultat) d'affilée et passait donc pour avoir échoué !

Mais d'autres PDG renoncèrent ou durent renoncer à leurs indemnités parfois sous la pression de l'opinion publique.

En 2002, la défaillance de la trésorerie de Vivendi conduisit Jean-Marie Messier à partir. Il réclama à cor et à cri des indemnités de départ mais finalement le conseil d'administration ne céda pas et il ne perçut pas un « kopeck » !

En 2003, Pierre Bilger quitta Alstom avec un chèque de 4,1 millions d'euros au titre de ses indemnités de départ mises au point par le comité des rémunérations en novembre 2002. Mais sous la pression médiatique consécutive à la déconfiture d'Alstom à la suite du rachat d'ABB Power, il dut reverser cette somme.

Au bord de la faillite en 2008, Dexia, banque franco-belge, fut sauvée grâce à un apport de 6,4 milliards d'euros de l'État français, de la Belgique et de la Caisse des dépôts et consignations. La banque avait réalisé des investissements risqués aux États-Unis et accusait au titre de l'année 2008 une perte nette de 3,3 milliards d'euros. Alex Miller, administrateur directeur général, dut renoncer aux 3,7 millions d'euros auxquels il pouvait prétendre.

Enfin d'autres indemnités de départ élevées furent versées avec des motifs qui pouvaient étonner : Jean-Bernard Lévy quitta Vivendi pour divergence stratégique avec une indemnité de 3,9 millions d'euros et Denis Hennequin fut carrément débarqué d'Accor en 2013 avec une indemnité de départ de 4 millions d'euros à la demande de Colony Capital et d'Eurazeo, actionnaires de référence.

Sébastien Bazin, qui représentait Colony Capital, lui succéda.

Quelques exemples concrets vécus : il arriva arrivé qu'une indemnité fût accordée sans aucune discussion ; l'actionnaire principal priait en l'occurrence le président du directoire de dégager les lieux. Immédiatement.

1993 : Dans le bureau du directeur des ressources humaines de PPR

Michel Lemaire, DRH du groupe PPR, nous reçut dans le but de disposer d'un avis professionnel indépendant sur la rémunération du comité exécutif du groupe PPR. Il démarra l'entretien par une présentation de l'organisation et du fonctionnement du groupe en insistant sur une particularité que nous connaissions : François Pinault, 57 ans, le fondateur du groupe, s'était placé hors du jeu. Il n'était que le vice-président du conseil de surveillance.

C'est Pierre Blayau qui présidait le directoire.

Michel Lemaire nous raconta quelques anecdotes très drôles puis plus sérieusement nous dit : « Gare à celui qui dit du mal d'un fils de François Pinault. D'ailleurs, ajouta-t-il, Jean-Paul Huchon, le prédécesseur de Pierre Blayau, en fit les frais. Il arriva un matin et quelle ne fut pas sa surprise de voir sur son bureau une petite enveloppe sur laquelle il reconnut l'écriture de François Pinault. À l'intérieur, un chèque conséquent.»

Son bureau avait été vidé ou devait être libéré pour le soir même; je ne me souviens plus sur ce point de ce que nous avait raconté précisément Michel Lemaire mais le départ devait être immédiat...

Jean-Paul Huchon fut ulcéré, nous dit Michel Lemaire, mais il ne broncha pas, du moins officiellement...

Lot de consolation?

D'autres indemnités de départ furent demandées par des patrons dans des contextes différents à chaque fois...

2002 : Jean-Jacques Poutrel demande des indemnités dans le cadre de son départ d'Ingenico

Jean-Jacques Poutrel, président, qui porta aux sommets Ingenico qu'il avait créé au début des années 1960 en en faisant le leader mondial des terminaux de paiement m'indiqua qu'il souhaitait faire valoir ses droits à la retraite et me demanda à quelle indemnité de départ ou de fin de carrière il pouvait prétendre.

Jean-Jacques Poutrel avait évidemment constitué un énorme patrimoine mais cela n'avait rien à voir avec ses droits s'il en avait. Le problème était qu'en tant que mandataire social, il ne pouvait *a priori* prétendre à aucune indemnité. Ce que je lui dis. Manifestement il encaissa mal le coup et me dit qu'il pouvait aussi changer de conseil... Je lui indiquai que j'allais néanmoins regarder mais que je n'étais pas très optimiste. Nous nous quittâmes fraîchement.

Quelques jours plus tard se tint une réunion du comité des rémunérations d'Ingenico avec Jean-Denis Massonaud, qui présidait le comité, et Alain Minc. Nous nous retrouvâmes chez ce dernier avenue George-V à Paris.

Je racontai bien sûr mon entretien avec Jean-Jacques Poutrel et sa demande. Alain Minc me demanda de ne pas lui répondre.

Je ne connus pas la suite... La transparence sur les indemnités de départ n'était pas encore totale et n'apparaissait pas systématiquement sur le document de référence annuel.

2003 : LE DÉPART DE CHARLES DE CROISSET DE HSBC FRANCE (ANCIENNEMENT CCF)

Charles de Croisset, PDG du CCF, avait eu un rôle majeur dans la vente de cette banque à HSBC. Il était prêt, en 2003, à s'effacer à 61 ans pour laisser la place à Charles-Henri Filippi qui était basé à Londres et y dirigeait l'une des branches de HSBC.

Charles de Croisset souhaitait savoir quel était le montant de l'indemnité à laquelle il pouvait prétendre. Il me sollicita et souligna, lors de notre entretien, que le bonus qu'il avait perçu dans le cadre de cette vente ne reflétait pas vraiment sa contribution car son impact y avait été majeur. Ce qui était un avis souvent partagé. « Et puis, ajouta-t-il, les retraites-chapeaux du CCF ne me donnent pas grand-chose. »

Je lui répondis poliment que les recommandations du comité des rémunérations sur son bonus et validées par le conseil d'administration ne pouvaient pas être remises en cause par un consultant car la « partie était terminée ». Concernant sa retraite supplémentaire, j'admis que ce qui allait lui être alloué n'était pas très élevé, comparé au marché et à son ancienneté mais que l'on ne pouvait pas refaire ce régime de retraite supplémentaire et que ce n'était pas à son employeur de payer pour les années où il avait évolué dans la fonction publique. Ce dont il convint.

« Mais l'indemnité de départ, me dit-il ? je pense rendre un service à HSBC en proposant de partir, ce qui n'est pas une obligation pour moi. Et puis je pense que c'est le moment pour Charles-Henri Filippi de prendre les rênes, sinon, il risque de partir à la concurrence. » Je lui indiquai que pour un mandataire social, les indemnités de départ n'étaient pas une pratique courante d'autant plus qu'il ne lui était pas demandé de partir puisque c'est lui qui en prenait l'initiative… même si cela arrangeait tout le monde… Cependant je m'engageai à faire une étude avec un benchmark complet, un constat et une recommandation que j'adresserais à HSBC à Londres.

Je travaillais en concertation étroite avec mon correspondant anglais de Towers Perrin qui connaissait très bien HSBC, puisque, c'était l'un des grands clients du cabinet.

Le rapport préconisa une indemnité de départ de l'ordre 1,5 million d'euros et insista sur l'impact majeur qu'avait eu Charles de Croisset pour les actionnaires dans la réalisation de cette vente…

Environ deux mois plus tard, je reçus un coup de téléphone de l'assistante de Charles de Croisset qui me demanda de prendre rendez-vous avec Paul Dubrule, coprésident du conseil de surveillance d'Accor et président du comité des rémunérations du CCF, nouvellement HSBC France.

Je me rendis donc à la tour Montparnasse au siège d'Accor. À peine avais-je pénétré dans le bureau de Paul Dubrule que ce dernier enchaîna immédiatement : « Alors, vous m'avez massacré ce pauvre Charles ! » J'essayai de lui expliquer comment nous avions procédé pour en arriver à ce montant. Il était attentif à mes arguments car rien ne s'imposait dans ce dossier.

Charles de Croisset avait cumulé à la tête du CCF des performances indiscutables et durables. Il avait perçu un salaire, un bonus, des options d'actions en phase avec le marché et surtout le cours du CCF n'avait cessé de grimper (malgré la dégoulinade des marchés en 2001), ce qui pouvait lui avoir permis de se constituer un patrimoine important.

Paul Dubrule, qui en était conscient, écouta, puis, curieusement se mit à me raconter sa vie: «Vous savez, avec Gérard Pelisson, nous, nous n'avons jamais reçu d'options. Nous avons acheté nos actions, nous-mêmes à la force du poignet, et nous avons fait ce groupe Accor, alors quand je vois la situation d'aujourd'hui, dans les groupes, je suis un peu étonné par rapport à nous ! J'ai 69 ans, je suis coprésident du conseil de surveillance et je dispose juste d'une assistante, d'un bureau, d'une voiture de fonction d'un chauffeur. Au total, je gagne 2,8 millions d'euros par an, en incluant mes émoluments de sénateur et après les impôts (et donc l'ISF), il me reste moins d'1 million d'euros. Eh bien, vous trouvez ça normal, me dit-il l'air visiblement contrarié par cette imposition ?» Sur le moment, j'hésitai à lui dire que j'allais prendre un mouchoir pour pleurer. Mais je tenais à mes honoraires ! L'entretien resta très convivial.

Finalement nous nous quittâmes sans que je sache ce qu'il allait proposer au conseil d'administration de HSBC. D'ailleurs, je ne le sus jamais !

Rencontrant quelques semaines plus tard Charles de Croisset par hasard dans la rue, il me dit: «Vous ne m'avez pas épargné, mais figurez-vous que j'ai retrouvé un job chez Goldmann Sachs et que j'y gagne beaucoup mieux ma vie qu'avant.»

2005 : Éviction d'Accor de Jean-Marc Espalioux, président du directoire

Je fus sollicité par John du Monceau, membre du directoire d'Accor sur la juste indemnité qu'il convenait de verser à Jean-Marc Espalioux, à qui il était demandé de partir pour laisser la place à une nouvelle génération. Cette nouvelle génération, c'était notamment Gilles Pélisson, neveu de Gérard Pélisson, coprésident du conseil de surveillance.

Il nous fut expliqué que Jean-Marc Espalioux n'avait certes pas démérité mais qu'il fallait passer à autre chose. Notre recommandation, basée sur les pratiques observées mais qui intégrait aussi le contexte qui nous était présenté, était loin, très loin de ce qu'arrêtèrent, on peut le dire, les deux cofondateurs d'Accor : 12 millions d'euros[13] !

«Cette indemnité qu'on va finalement lui accorder, me dit du Monceau, elle s'explique car Jean-Marc Espalioux ne peut plus bénéficier de sa retraite-chapeau car il n'a pas 55 ans ; or 55 ans, c'est l'âge requis, depuis la loi Fillon de 2003, pour

13. Voir le document de référence d'Accor, 2005, p. 202.

permettre aux bénéficiaires d'une retraite-chapeau de la conserver à certaines conditions. »

Juste rémunération ? Chacun appréciera.

Cette indemnité colossale serait certainement davantage contestée aujourd'hui qu'elle ne fut à l'époque. À juste titre. Les procès de népotisme, à tort ou à raison, pour la nomination de son successeur ne manqueraient pas…

2009 : LES INDEMNITÉS DE DÉPART DU PDG DE VALEO FORTEMENT CONTESTÉES…

Valeo avait deux actionnaires de référence, les fonds d'investissement Pardus et Centaurus qui détenaient 20 % du capital de l'entreprise et qui voulaient en découdre désormais avec le PDG en raison des mauvais résultats. Behdad Alizadeh qui représentait Pardus et était membre du comité des rémunérations de Valeo demanda à me voir.

Nous déjeunâmes et il m'indiqua que cette réunion devait demeurer confidentielle. Je l'écoutai mais lui indiquai que je ne pouvais pas faire grand-chose si je ne recevais pas un mandat écrit du comité des rémunérations. Or ce mandat ne pouvait venir que du directeur des ressources humaines qui disposait seul des budgets pour ce type de mission et qui reportait, bien entendu au PDG, Thierry Morin.

Peu de temps après je reçus un appel du directeur des ressources humaines qui souhaitait une étude sur la rémunération de son PDG, à la fois en niveau, en structure et en termes de protection. Je lui demandai s'il souhaitait que je fasse des recommandations. « Oui, bien sûr », me répondit-il.

Valeo n'était plus alors dans le CAC 40, sa capitalisation boursière ayant fortement chuté, et les performances n'étaient pas à la hauteur des attentes des actionnaires. En revanche le salaire de son PDG était d'1,5 million d'euros (soit le troisième salaire du CAC 40 après ceux des PDG de L'Oréal et celui de LVMH) avec un bonus qui à objectifs atteints représentait 50 % du salaire ce qui était au-dessous des pratiques du marché (plutôt autour de 100 % pour un groupe de ce périmètre).

Le rapport que j'effectuai mentionnait que les indemnités de départ des PDG et mandataires sociaux étaient en majorité de l'ordre de deux ans (salaire de base + bonus) avec des conditions de performance. Mais je mentionnai surtout dans mes recommandations qu'il était opportun de ramener le salaire du PDG à 1 million d'euros et de relever son taux de bonus à 100 % du salaire à objectifs atteints pour être en phase avec le marché !

Le DRH ne voulut pas entendre parler de ces suggestions et m'invita à modifier le rapport. Je ne cédai pas et nous ne nous revîmes point.

On demanda à Thierry Morin de partir sur la base d'une divergence stratégique et ses indemnités de départ, malgré les pertes de Valeo et le licenciement prévu de cinq mille personnes, dont mille six cents en France, furent finalement fixées par le conseil d'administration à 3,2 millions d'euros ce qui représentait deux ans de son seul salaire puisqu'il ne percevait plus de bonus. Un conflit opposa ensuite le conseil d'administration à Thierry Morin et l'assemblée générale des actionnaires vota à 98,6 % contre cette indemnité ; mais à cette époque ce vote n'était pas contraignant... Finalement le tribunal, beaucoup plus tard, demanda à Thierry Morin de reverser son indemnité, ce dernier conservant ses stock-options. Entre-temps les deux fonds d'investissement s'étaient retirés du conseil.

Alors, l'indemnité de départ : lot de consolation ou juste rétribution ?

Lot de consolation ?

Sûrement pas si le dirigeant a failli. Il aura été rémunéré avec un salaire déjà élevé, mais conforme à sa fonction ; il aura souvent perçu des bonus et à la fin le conseil constatera que le groupe est en train de perdre de la valeur, parfois en raison d'un environnement et d'un contexte mauvais, plus souvent parce que des axes stratégiques de développement ne s'avèrent pas payants ou parce que n'ont pas été pensés suffisamment tôt des plans alternatifs, presque toujours parce que le « premier de cordée » ne tire plus ses équipes comme on l'attend.

Dans le cas de Thierry Morin, l'indemnité de départ, eu égard à ses performances, était évidemment très contestable mais ce qui l'était encore plus, c'est qu'on puisse remercier un PDG avec une indemnité de deux ans de salaire en s'appuyant sur ses vingt ans d'ancienneté dans le groupe alors qu'au même moment, on accordait une indemnité de dix-huit mois de salaire conformément à la convention collective à un employé à qui il était demandé de partir, dans le cadre du plan de licenciement, et ce, après vingt-cinq ans de bons et loyaux services.

Juste rétribution ? Quel rationnel ?

Si l'indemnité de départ est justifiée, car le conseil juge qu'il convient de passer à une autre étape et que le PDG ne coche plus les cases nécessaires, il faut rester logique.

L'indemnité de départ doit être soumise à des conditions de performances.

Que doivent-elles être ?

Le montant ne devrait pas dépasser dix-huit mois de salaire + bonus qui devrait être un maximum. Au Royaume-Uni, un CEO (l'équivalent en France du directeur général d'un groupe) à qui il est demandé de partir perçoit jusqu'à douze mois de préavis en salaire (sans bonus) en restant sur le *pay roll* du groupe. Ce salaire de préavis est interrompu s'il retrouve un nouvel emploi (*obligation to mitigate*).

On doit regarder la richesse qui a été créée par le patron à qui il est demandé de partir, pendant son ou ses mandats. On ne peut pas d'un côté donner au patron des stock-options ou des actions gratuites en lui disant que ce sera un moyen pour lui de se constituer un patrimoine et, une fois qu'on lui demande de partir, faire abstraction de la valeur de l'action en considérant qu'elle a peu de rapport avec sa performance, et apprécier cette dernière par rapport à d'autres critères !

Je me souviens d'une conversation avec Dominique Léger, directeur général du CCF, peu avant la vente à HSBC. Il me disait : «Voyez-vous, ce qui est bien et cohérent, c'est que la performance du CCF va de pair avec l'évolution de son cours et donc ces stock-options sont un bon système.» Le cours du CCF progressait effectivement tout comme la Bourse de Paris qui suivait Londres et Wall Street. Mais qu'aurait-il dit si un coup de tabac à Wall Street avait fait inévitablement plonger le cours ?

Une image : vous achetez cent cinquante mètres carrés au Trocadéro, avenue Georges-Mandel à Paris pour 1,7 million d'euros avec un ravalement de l'immeuble prévu dans l'année, l'obligation de refaire la cage d'escalier des parties communes et de reconfigurer une partie de l'appartement acheté.

Au total, l'appartement vous a coûté au bout d'un an 2 millions d'euros. Vous avez pourtant le sentiment d'avoir valorisé votre actif. Mais si après cinq ans, le marché de l'immobilier a chuté et que vous devez revendre votre appartement en n'en tirant à la vente qu'1,6 million d'euros, quelle sera alors votre réaction ?

Eh bien, je pense que le patron et les autres dirigeants à qui il est demandé de partir et qui ont pu bénéficier de l'intéressement à long terme doivent au moins en supporter les conséquences si le marché s'est retourné. Pour partie du moins (50 %). Même si parfois ça n'est pas totalement juste. Mais l'est-ce toujours dans l'autre sens ?

Par ailleurs, si le conseil d'administration demande au PDG de se retirer pour divergence stratégique ou insuffisance de résultats, il faut avoir l'honnêteté de regarder dans le rétroviseur et d'analyser si les résultats des dernières années pouvaient déboucher sur ce constat qui conduit à l'évincer. Or le meilleur moyen est de vérifier si le comité des rémunérations au cours des trois dernières années a versé du bonus !

Faire une moyenne pour ce qui lui est dû au titre de ses performances passées pour au moins 50 % de l'indemnité semble pertinent. Sauf, bien sûr s'il est démontré que le patron a eu au cours de la dernière année des comportements ou des actions qui ont conduit en peu de temps à la déconfiture du groupe. C'est au comité d'apprécier.

En conséquence, les conditions de performance d'indemnités de départ devraient prendre en compte :

- pour 50 % l'évolution du cours de Bourse[14] entre l'arrivée du PDG et son départ ;
- pour 50 % la part variable moyenne versée au cours des trois dernières années.

---

14. Par exemple, pour 50 %, la différence entre la moyenne des cours moyen de clôture de l'action dans les trois mois qui précèdent et qui suivent son départ et les trois mois qui précèdent et qui suivent son arrivée (avec ou sans les dividendes) – en valeur absolue à hauteur de 25 % et en valeur relative à hauteur de 25 % (avec des groupes exerçant la même activité et si possible concurrentiels ou indice comme le CAC 40 par exemple). Il appartiendrait au comité des rémunérations d'affiner ensuite le rationnel. Étant entendu que si le cours a baissé entre ces deux périodes, c'est irrémédiablement 0 au titre de cette condition.

Chapitre 6

LES OUTILS POUR RÉDUIRE L'IMPÔT DES PATRONS ET PLUS GLOBALEMENT DES DIRIGEANTS : JUSTIFICATION ?

L'une des demandes auxquelles nous devions souvent répondre au début des années 1990 était celle de l'optimisation fiscale de la rémunération des dirigeants. Avec la réélection de François Mitterrand en 1988, l'ISF (anciennement IGF) renaissait et bientôt ce fut la CSG qui vint réduire un peu plus le net fiscal des contribuables. Le taux marginal de l'impôt sur le revenu était alors en France de 56,8 %.

Les grands patrons et les dirigeants (notamment les membres du comité exécutif) « pestaient » contre la fiscalité française et cherchaient donc à tout prix à optimiser leur rémunération nette !

Split pay roll pour Jean-Marie Descarpentries

Nous fûmes appelés en 1991 par le directeur financier de la CGIP (qui deviendra Wendel) qui détenait CarnaudMetalbox (CMB). Il nous indiqua que son PDG, Jean-Marie Descarpentries, le plus souvent en Belgique, mais résidant en France, voyageait dans toute l'Europe et souhaitait à travers un système de *split pay roll* et/ou *split fees* réduire ses impôts. Or il existait pour les contribuables qui voyageaient, au-delà des exonérations fiscales liées à des déplacements à l'étranger, une possibilité d'optimiser leur rémunération nette disponible à travers l'application du taux effectif. La législation française l'autorisait et les conventions fiscales à cette époque, passées par la France avec certains pays, permettaient d'alléger l'imposition globale du contribuable. Nous étudions donc les conventions.

L'étude permettait ainsi de découvrir que la France avait négocié avec un certain nombre de pays, dont la Belgique, l'Espagne (notamment pour les jetons de présence), l'Italie, la Grèce, et l'Allemagne des conventions qui permettaient, parfois, de réduire l'imposition totale de 20 à 30 % environ pour autant que les contribuables séjournent dans ces pays et puissent y justifier leurs prestations. En revanche la convention avec le Royaume-Uni n'était pas exploitable puisqu'il ne s'agissait que d'un crédit d'impôt sur les revenus qui y étaient perçus.

Comment s'opérait alors le calcul du taux effectif et comment se calculait-il ?

Ce taux effectif intervenait donc lorsque le contribuable avait perçu à la fois des revenus de source française et des revenus de source étrangère. Le revenu perçu à l'étranger faisait l'objet d'un prélèvement forfaitaire généralement assez bas. L'impôt en France était calculé en tenant compte d'abord des revenus mondiaux imposables (c'est-à-dire les revenus perçus en France et à l'étranger) et ensuite du seul revenu imposable en France.

On calculait alors, à partir du barème en vigueur en France, l'impôt du revenu mondial mais l'impôt final à payer était proportionnel aux revenus perçus en France. On faisait une règle de trois : revenus imposables perçus en France/revenus mondiaux imposables x impôt mondial. En ajoutant le prélèvement forfaitaire du revenu perçu à l'étranger, on aboutissait à un impôt global qui était souvent (selon les conventions fiscales) inférieur à celui qui aurait dû être payé avec un impôt du revenu mondial diminué du crédit d'impôt obtenu par le prélèvement forfaitaire à l'étranger.

Bilan : Jean-Marie Descarpentries qui percevait à l'époque 4 millions de francs brut par an (soit 610 000 euros) a pu faire une économie d'impôt par l'éclatement de sa rémunération sur quatre pays

(France, Belgique, Italie et Royaume-Uni mais dans ce dernier pays sans optimisation).

À l'époque, l'étude conduite pour le président de CarnaudMetalbox permit de réduire son imposition de 300 000 francs (soit 45 000 euros) ce qui représentait environ 20 % de son imposition mondiale théorique. Pas mal !

Autre astuce pour réduire l'imposition, l'exonération fiscale liée à des déplacements à l'étranger. Les demandes de conseil sont pléthoriques dans les années 1990 et vont se poursuivre. Elles sont aujourd'hui monnaie courante, sauf pour les dirigeants mandataires sociaux qui ne disposent pas ou plus de contrat de travail, ce qui est le cas de pratiquement tous les grands patrons français du CAC 40.

Jusqu'à ce que le code Afep invite les patrons à renoncer à leur contrat de travail, à partir des années 2010, des primes dites d'expatriation leur étaient accordées, tout comme aux autres cadres dès lors qu'ils voyageaient moins de cent quatre-vingts jours par an (article 81 AIII du CGI devenu ensuite 81AII) ; théoriquement dans le but de promouvoir le commerce extérieur. La prime était un pourcentage journalier du salaire en supplément et s'appliquait en fonction du nombre de nuits passées à l'étranger. Soumise aux charges sociales, elle était exonérée d'impôt. Dans la réalité, il s'agissait et il s'agit aujourd'hui, pour ceux qui en bénéficient, non pas d'un supplément de rémunération mais d'une avance sur la part variable annuelle dont une partie en conséquence, liée à des déplacements à l'étranger, échappe à l'impôt.

1994 : Antoine Guichard, président du directoire de Casino mais aussi pilote d'avion...

Antoine Guichard souhaitait aussi optimiser sa rémunération nette en raison « du matraquage fiscal » qu'il constatait en France. Il nous reçut et nous raconta sa vie puis ses soucis du moment : « Ils m'enquiquinent avec les vidéosurveillances, que j'ai chez moi, qui ont pour but de surveiller nos bureaux et toutes nos installations. Comme celle que j'ai pour mon domicile fonctionne en liaison avec celle de nos installations, ils trouvent qu'il s'agit d'un avantage en nature sur lequel je dois régler des cotisations sociales et des impôts. Je vais donc les régler. »

Mais ce n'était pas la principale raison de notre réunion. Il nous dit qu'il allait devoir expliquer l'usage personnel qu'il faisait de l'avion du groupe qu'il pilotait. Il nous demanda donc une étude optimisée sur les cotisations sociales et l'impôt qu'il devrait payer au titre de l'avantage personnel lorsqu'il utilisait le vendredi l'avion du groupe à la fois pour des réunions professionnelles et pour son week-end.

Savant calcul...

2000 : L'AVANTAGE LOGEMENT AU CRÉDIT AGRICOLE SA

Il y avait encore un outil, non négligeable utilisé au cours des trente dernières années pour optimiser la rémunération d'un dirigeant : l'avantage logement.

Au Crédit agricole SA, au début des années 2000, le comité des rémunérations était présidé par Gérard Mestrallet. Lors de l'une de ces réunions, l'agenda comprenait la fixation de la rémunération du directeur général et une réflexion sur des attributions potentielles d'options d'actions avec la future cotation du groupe. Il nous fut indiqué avant même la réunion que le directeur général avait décidé de renoncer à se voir attribuer le moment venu des options d'actions.

Le comité rendit un hommage appuyé au directeur général pour ce geste désintéressé...

Il disposait, il est vrai, d'une retraite-chapeau qui représentait 70 % de sa dernière rémunération fixe le jour où il devrait faire valoir ses droits à la retraite. Point n'était besoin dans ces conditions de revaloriser significativement, dit le comité, son salaire si ce n'est de quelques points, ce dernier étant en deçà des pratiques du marché. Mais le plus énorme fut que le comité ne devait pas être informé qu'au-delà de cette retraite-chapeau du

Crédit agricole, le dirigeant bénéficiait d'un avantage logement.

« Ce sujet ne doit pas être évoqué lors du comité », insista le sympathique Henri Balbot qui était chargé de la rémunération des grands dirigeants au Crédit agricole SA. « Pourquoi, lui demandai-je ? – C'est comme ça », me répondit-il !

Cherchant à savoir néanmoins ce que recouvrait cet avantage, je découvris ensuite qu'il s'agissait d'un appartement de 320 mètres carrés, situé dans l'ouest parisien, mis à la disposition du directeur général et dont la valeur cadastrale, qui était la référence pour les cotisations sociales et l'impôt, ne représentait qu'à peine 20 % de sa valeur réelle !

La transparence n'avait pas encore gagné les comités des rémunérations.

Il en était de même à la Société générale jusqu'en 1995. Le président-directeur général bénéficiait de la mise à disposition d'un appartement au Trocadéro ; mais seulement pour 50 % de cet appartement. « En effet, me précisa Philippe Citerne qui était le DRH de la Société générale, il s'agit d'un avantage, mais le PDG utilise ce grand appartement à hauteur de 50 % pour des réunions de travail. » Soit !

Une anecdote

Une anecdote qui ne manque pas de saveur se déroula en 1996. J'accompagnais le comité des rémunérations d'un grand groupe dans la fixation du package de rémunération de ses futurs dirigeants mandataires sociaux. Au sein de ce comité siégeaient des membres encore en activité aujourd'hui. D'où l'indélicatesse de dévoiler le nom de ce groupe

Alors que l'opinion publique s'émouvait, à cette époque, des mises à disposition de logements de la Ville de Paris à des personnalités politiques de tout bord, il se trouva que dans ce groupe des logements de fonction étaient attribués à des salariés pour la location. L'information n'aurait pas été connue du comité si le PDG n'avait pas assisté à ce comité. Or, à la fin de ce comité il prit la parole, se tourna vers moi et me demanda si, dans d'autres groupes, l'attribution ou la mise à disposition de logements était une pratique courante. Je répondis par la négative à quelques exceptions que je ne dévoilai pas. Il s'adressa alors au comité et lui demanda s'il ne serait pas choqué que le groupe attribue un deux-pièces à son beau-fils, qui ne travaillait pas dans le groupe, aux conditions des salariés du groupe. Les autres membres du comité baissant plutôt le nez, je décidai de lui répondre et lui déconseillai de poursuivre dans cette voie... Le comité ne dit mot. Le président conclut par un «très bien, je comprends»...

Toutes ces pratiques pour les grands patrons ont reculé à partir des années 2000 : d'abord en raison de la réécriture de certaines conventions fiscales ; ensuite en raison de l'abandon du contrat de travail auquel furent astreints les PDG, directeurs généraux et présidents de directoire, ce qui, puisqu'ils n'avaient plus le statut de salariés, ne leur permettait plus de bénéficier des primes d'expatriation ; enfin et surtout à cause de la publication des rémunérations qui invitait les dirigeants mandataires sociaux et donc les patrons à s'affranchir de pratiques perçues par l'opinion publique comme douteuses…

Je me souviens d'une demande faite il y a moins de dix ans par la direction des ressources humaines d'Atos pour tenter d'optimiser la rémunération nette de Thierry Breton. Il passait près de la moitié de son temps, nous indiquait la direction des ressources humaines, en Allemagne chez Siemens. Le *split* de sa rémunération que nous calculâmes permettait d'alléger sensiblement son impôt global mais finalement il nous fut indiqué qu'il avait été décidé de ne pas donner suite à cette optimisation.

Il est probable que la publicité des rémunérations et donc la transparence incitaient à la prudence… *A fortiori* pour un ancien ministre de l'Économie et des Finances !

Les exilés fiscaux

D'aucuns trouvèrent plus récemment une parade pour alléger leur imposition avec la mondialisation en se domiciliant en Asie, prétextant de leur chiffre d'affaires réalisé dans ce continent mais en omettant de dire que leur taux marginal de l'impôt sur le revenu n'était là-bas que de 15 % !

D'autres, pour échapper à l'ISF devenu l'IFI, se domicilièrent en Belgique.

Sur ces exils fiscaux, certains peuvent se justifier lorsqu'il s'agit d'être présent en permanence là où se fait le business et là où sont les grands enjeux à venir, mais il conviendrait que ça soit le conseil d'administration ou de surveillance qui valide le lieu de résidence du PDG. Ensuite, pour dissiper toute polémique, il ne serait pas illogique de prévoir un dispositif obligeant le dirigeant exilé à ne disposer dans son pays de résidence que d'un revenu net disponible comparable à celui qui aurait été le sien s'il était resté en France et ce, après la prise en compte de certains paramètres pour l'égalisation fiscale.

Un alignement avec les pratiques américaines pourrait être également une idée à creuser. L'Américain, en effet, qui part vivre à l'étranger n'en est pas quitte pour autant avec l'administration fiscale américaine !

Ne doit-on pas quelque chose au pays qui vous a élevés et soignés, surtout lorsque ces deux activités régaliennes (éducation et santé) ont toujours été facilement accessibles, ce qui n'est pas le cas aux États-Unis ?

Chapitre 7

LES RÉMUNÉRATIONS DES FOOTBALLEURS (NEYMAR ET MBAPPÉ...), DES AUTRES STARS ET DE CERTAINES ACTIVITÉS COMPARÉES À CELLES DE GRANDS PATRONS. COMPARAISON EST-ELLE RAISON?

DES RÉMUNÉRATIONS HALLUCINANTES

Les rémunérations des grands patrons dénoncées régulièrement amènent presque toujours les mêmes réactions: «Et les salaires des footballeurs, vous trouvez ça normal, vous?»

Je me souviens d'un entretien il y a quatre ans avec Édouard Philippe dans son bureau à l'Assemblée nationale, alors qu'il dirigeait la campagne d'Alain Juppé pour les primaires de l'élection présidentielle. Je lui avais demandé rendez-vous car je souhaitais aider le candidat à réagir si on l'interpellait sur des sujets techniques comme celui des retraites-chapeaux ou plus globalement sur les rémunérations des grands patrons afin qu'il puisse apporter une réponse crédible et pas seulement politique.

Édouard Philippe ne trouvait pas forcément normale cette attaque contre les rémunérations des grands patrons et effectivement considérait qu'on ferait mieux de regarder ce que les footballeurs gagnaient !

Il est évident que rien ne justifie aujourd'hui les salaires annuels de quelques footballeurs comme Messi (130 millions de dollars), Ronaldo (110 millions de dollars), Neymar (38 millions d'euros) et Mbappé (17 millions d'euros). Rien, absolument rien !

Comme disait un jour Raymond Domenech à propos des performances en demi-teinte de l'équipe de France qui faisaient la une de l'actualité : « Oui, d'accord, mais n'oubliez pas que ça n'est que du ballon ! »... Omettant d'évoquer les salaires des joueurs !

La démesure dans les salaires des footballeurs est née principalement de l'arrêt Bosman (CJCE du 15 décembre 1995) qui a autorisé les clubs à engager autant de joueurs de la Communauté européenne qu'ils le souhaitaient ; ce qui a entraîné, en sus de l'augmentation de droits de télévision qui a considérablement enrichi les clubs, une augmentation des transferts à des prix excessivement élevés et des salaires annuels parfois stratosphériques...

Et dans ces salaires énormes, ne sont pas toujours pris en compte les autres revenus tirés de la publicité sur les maillots des joueurs, principalement pour les clubs (il est vrai) ou de causes diverses à laquelle les stars du foot se prêtent volontiers dans le cadre de clips à la télévision.

Ces prix de transferts et ces salaires qui en sont induits sont devenus la loi du marché, les agents des joueurs évidemment contribuant à la surenchère !

Seuls certains grands patrons américains peuvent rivaliser avec les niveaux de salaire de ces footballeurs. En 2007, le président de Goldman Sachs a perçu 65 millions de dollars de bonus et le patron de Lehman Brothers, 30 millions de dollars, quelques mois avant sa faillite. En France ces niveaux de rémunération pour les patrons dans un grand groupe ne sont pas envisageables sur une année. La France, l'Angleterre et l'Allemagne sont de grands pays avec des histoires, des traditions et des organes de représentation dans les groupes, particulièrement en France (conseil d'administration, comité d'entreprise, délégués du personnel, sections syndicales) et en Allemagne (cogestion) qui permettent de freiner ces excès malgré, il est vrai, des ratés. Mais pas à ces niveaux !

Des stars ou « compétences distinctives » peu comparables à des grands patrons !

Néanmoins dans le sport et particulièrement le football, comme chez les traders, la disproportion dans les rémunérations ne doit pas faire émerger un sentiment d'atteinte à une certaine forme d'égalitarisme car ce que gagnent ces stars n'est pas nécessairement pris aux autres – ce qui ne signifie pas pour autant qu'il soit normal de pratiquer n'importe quelle rémunération.

Il y a néanmoins en principe une mesure assez directe de ce que font gagner à un club ou à leur groupe ces stars du ballon rond et du trading.

La question est évidemment : apportent-ils une « valeur » correspondant à leurs rémunérations ? Si la mesure n'est qu'en argent, c'est sûrement vrai sinon les clubs et les groupes auxquels ils rapportent seraient rapidement en difficulté.

Des stars du football comme Neymar ou Mbappé aujourd'hui ne sont pas remplaçables. Qu'ils jouent à Manchester United, puis au Real Madrid et enfin à la Juventus de Turin, à la suite de transferts, comme ce fut le cas pour Ronaldo, ce sont toujours des stars qui changent la donne du match, qui attirent 50 000, 60 000 voire 80 000 spectateurs sans problème, ces derniers payant librement leurs places.

Dans le passé, ni Raymond Kopa, ni Michel Platini, ni Zinedine Zidane n'ont eu dans les cinq ans qui ont suivi leurs départs de remplaçants. Les performances de l'équipe de France de football étaient d'ailleurs devenues piteuses !

Ainsi, avec le footballeur, on voit tout de suite et on sait quantifier ce qu'il fait ; on est dans l'immédiateté. Ce n'est pas le cas du PDG dont l'action s'inscrit dans la durée, même si les périodes probatoires se raccourcissent. Louis Schweitzer, PDG de Renault, performa, contre-performa (Renault Vilvoorde en Belgique en 1997 : aucune période de transition prévue, pour les fermetures d'usine dans le cadre de restructurations et des milliers de personnes dans la rue), fut fortement contesté puis condamné par un tribunal correctionnel de Bruxelles à une forte amende pour non-respect du droit ; puis il se rétablit, créa l'Alliance Renault-Nissan, fit prendre par Renault le contrôle de Dacia et devint, à la retraite, une référence (président de la Haute Autorité de lutte contre les discriminations et pour l'égalité de 2005 à 2010) !

Autre exemple mais différent : lorsque Bernard Arnault prit le contrôle de LVMH et évinça ce capitaine d'industrie qu'était Alain Chevalier qui, à la même époque, n'était pas loin de prendre la présidence du CNPF (sigle de l'organisation patronale avant le Medef), celui-ci reprit la société Balmain. Eh bien, là où il excella en étant à l'initiative de la fusion entre Louis Vuitton et Moët Hennessy, ce fut, chez Balmain, la descente aux Enfers ! Idem pour Pierre Moussa qui fut plus heureux à la tête de la Banque de Paris et des Pays-Bas qu'à la banque Pallas-Stern !

Dans les groupes, les départs de grands patrons (Antoine Riboud) ou leur mort prématurée (Édouard Michelin, Christophe de Margerie) n'ont pas toujours les mêmes conséquences et heureusement. On dit en plaisantant que le cimetière est rempli de gens irremplaçables mais il existe heureusement d'autres compétences distinctives dans les entreprises qui, une fois promues « premier de cordée », mettent en œuvre leur pensées créatrices et font faire au groupe qu'ils dirigent des percées très significatives. Différemment de celles de leurs prédécesseurs, si géniaux aient-ils été ! Et pas forcément moins bien.

Pour les traders, il s'agit aussi d'observer les valeurs du groupe dont ils relèvent. Ces valeurs ont pu évoluer avec le temps. Ces valeurs permettent-elles ou encouragent-elles des transactions à haut risque ? Les risques pris par des traders se mesurent-ils tout de suite ?

La rémunération doit comporter une participation légitime aux risques pris. Ceux des patrons ne sont pas de même nature.

Ce qui est sûr, c'est qu'un trader efficace peut faire gagner des sommes considérables. C'est un vrai talent, pas forcément remplaçable et sûrement pas sur-le-champ. De grands traders ont fait gagner des fortunes à leurs banques en réalisant de superbes transactions (ainsi les gains tirés à la Société générale des produits dérivés dans les années 2005, 2006, 2007).

On peut rapprocher les rémunérations de ces « compétences distinctives » de celles d'acteurs ou d'actrices célèbres. Le cachet de Juliette Binoche pour deux jours de tournage pour trois ou quatre clips de quinze secondes à une minute et qui seront utilisés par les médias asiatiques pendant deux ans peut atteindre 1,2 million d'euros, dont 15 à 20 % pour son agent tout de même... Et que dire des cachets de l'Australien Chris Hemsworth qui sont quatre à cinq fois supérieurs ?

Pour les Asiatiques, Juliette Binoche représente une caution pour le produit qu'ils veulent vendre : « la star occidentale » ! Le groupe asiatique qui fait appel à elle sait ce qu'il fait et même si ça lui fait mal au cœur de payer ce cachet, il n'ignore rien des retombées qu'il peut en attendre...

Alors, Juliette Binoche, remplaçable ? Peut-être, mais là non plus pas forcément sur-le-champ ni avec le même impact.

Point commun entre ces stars du *show-business* et les vedettes du ballon rond : elles génèrent souvent assez d'argent pour se faire payer et si cet argent est celui du peuple, elles n'ont pas vraiment de comptes à rendre. Elles ne sont pas interchangeables.

Enfin, comment ne pas évoquer ce rêve que font naître chez beaucoup ces stars du ballon rond ou de la scène ? Les grands sportifs par leur exploit, les grands acteurs par leur jeu unique sortent de leur quotidien les personnes qui les regardent et transcendent la médiocrité des jours courants. C'est certain.

On trouve également d'autres types de stars dans des activités comme celles de la publicité ou de la recherche en pharmacie. C'est vrai aussi pour celui qui est chargé de trouver le bon logo d'un groupe. Je me souviens, à cet égard, de la réaction de Daniel Bernard, PDG du groupe Carrefour, lorsque dans son bureau avenue Raymond-Poincaré à Paris, j'avais eu l'outrecuidance de positionner sa fonction, en termes de poids de poste, au même niveau que celle de son homologue chez Air liquide[15] : « Et celui qui a trouvé "Carrefour, je positive", m'avait-il rétorqué un peu furieux, vous ne croyez pas que ça vaut beaucoup d'argent ? » En l'occurrence, ce n'était pas lui qui avait trouvé ce logo malgré ses immenses qualités… mais c'est quand même lui qui, *in fine*, validait le logo. Et là, l'erreur était interdite !

Pareil pour celui qui avait trouvé en son temps le « design » d'un véhicule qui se vendait par millions !

---

15. Le groupe Carrefour comme Air liquide étaient des groupes mondiaux. Le chiffre d'affaires de Carrefour était beaucoup plus élevé que celui d'Air liquide mais les multiples process, la complexité et la valeur ajoutée d'Air liquide compensaient ce moindre chiffre d'affaires.

Dans ces groupes industriels, pharmaceutiques, dans ces activités de médias, on essaie de gérer les rémunérations de ces compétences hors du commun à partir des valeurs collectives du groupe en leur offrant des stock-options ou des actions gratuites ou alors en leur versant un bonus (comme dans le secteur financier) ou une prime dès que l'on a la conviction que le « coup de génie » est avéré.

Doit-on en conclure que les rémunérations des traders, des stars du sport ou du show-business sont moralement justes ? Sûrement pas.

Il n'est sûrement pas normal qu'un talent dans le foot, si grand soit-il, soit rétribué aussi haut. Si c'est la demande du peuple qui veut voir des stars du ballon faire gagner leur équipe ou leur pays, si ce qu'ils réalisent est souhaité par la collectivité et peut permettre à un moment donné de favoriser le « vivre-ensemble » (« black-blanc-beur » affiché sur l'arc de Triomphe le 12 juillet 1998 avec du tricolore pour la victoire de la France en Coupe du monde), une rémunération élevée, qui peut faire rêver, n'est pas condamnable à condition qu'elle reste décente (5 millions d'euros maximum ?). À l'époque de Michel Platini (1978-1986), on disait déjà que ces stars étaient surrémunérées, mais ce n'était rien à côté de la folie de ces dernières années ! Ces rémunérations se sont, en France et en Europe, américanisées au sens plein du terme !

Que ce soit pour ces stars (notamment du ballon rond) ou même pour certains grands traders, ces salaires et ces rémunérations (salaires, primes, publicité, commissions lors des transferts) sont devenus grotesques et ne sont pas forcément bons pour donner envie aux jeunes de s'investir dans l'industrie et dans d'autres secteurs d'activité si nécessaires pour le pays. Il y a là dans l'outrance de ces rémunérations une certaine forme d'obscénité.

Reste pour le football qu'il s'agit d'un jeu extrêmement populaire qui peut déclencher des passions, faire vibrer l'esprit local ou patriotique et que c'est l'excellence acquise au prix de gros efforts qui, récompensée, aboutit à ces démesures.

Puisse la crise sanitaire qui a entraîné la déconfiture en France de Mediapro qui avait surenchéri pour acquérir les droits télévisés, créant ainsi une manne supplémentaire pour le budget des clubs, conduire les instances européennes et françaises à plus de modération !

ET LES GAINS TIRÉS DES LBOs ET DU *PRIVATE EQUITY* ?

J'ai connu deux types d'activité dans le cadre de conseils dispensés à de grands groupes sur la rémunération de leurs principaux dirigeants et du premier d'entre eux : les LBOs et le *private equity*.

Le LBO (*leverage buy out*)) est un rachat de l'entreprise par le management et les salariés. Il se différencie du LMBO qui est le rachat de l'entreprise par le seul management. Chez Spie, nous n'avons pas été associés aux deux montages de LBOs (2006 et 2011) dans lesquels il y avait un fonds d'investissement (1er LBO) puis des fonds d'investissement (2e LBO) auxquels étaient associés à chaque fois le management et les salariés.

Chaque année, nous conseillions ce groupe sur la rémunération de son PDG, de son comité exécutif et des comités de direction de ses filiales. Évidemment les politiques de rémunération que nous constations s'en ressentaient puisqu'il y avait au terme du LBO la perspective d'une « belle carotte » si tout marchait bien.

Un autre groupe a fait l'objet d'un LBO avec le rachat total de l'entreprise par le management et ses salariés. Il s'agit du groupe Darty. Nous ne conseillions pas ce groupe et n'avons donc pas été sollicités du tout dans ce rachat qui m'a été raconté par l'un de ses dirigeants. Je l'évoque néanmoins car il est intéressant.

Chez Wendel, spécialisé dans le *private equity*, nous fûmes sollicités à deux reprises pour proposer et recommander la politique de rémunération des deux membres du directoire et donc de son président.

Leur rémunération, qui était composée d'un salaire, d'un bonus et d'un intéressement à long terme, ne pouvait se penser totalement, surtout, dans le cadre de notre deuxième intervention, sans avoir à l'esprit les gains potentiels tirés de plus-values réalisées par le directoire à la suite des prises de participation de Wendel auxquelles les deux membres du directoire et les *managing directors* étaient associés dans un système de co-investissement.

Ce co-investissement n'était pas et n'est pas une rémunération en soi. Chez Wendel, il s'agissait d'une possibilité de faire un investissement en parallèle avec l'entreprise et donc de s'associer à ce risque. En proposant au conseil de surveillance d'investir dans telle ou telle société, le directoire et les *managing directors* se responsabilisaient et se trouvaient ainsi en coresponsabilité.

Il y avait une autre originalité chez Wendel, groupe familial : c'est que pour les prises de participation dans des sociétés, on ne levait pas de fonds !

Concrètement comment cela s'est-il passé dans ces trois groupes ?

Les LBOs de Spie : de la réussite à la démesure ?

Dans le LBO de Spie, il s'agit de savoir comment a été calculé à la fin le partage de la création de valeur.

Spie, dont l'activité était l'ingénierie électrique, appartenait avant ses LBO successifs à Amec, société anglaise cotée en Bourse spécialisée dans l'ingénierie générale. Lorsqu'en 2006, Amec a décidé de se séparer de cette grosse *business unit* qu'était Spie, plusieurs scénarios étaient possibles.

Plutôt que de se vendre à un groupe concurrent comme l'étaient Vinci et Eiffage, le management de Spie, emmené par Gauthier Louette, et les salariés, privilégiaient le LBO. Lorsque les offres ont été examinées, c'est le mieux-disant qui a gagné. En l'occurrence le fonds d'investissement PAI contre Vinci et Eiffage. PAI a donc racheté Spie à hauteur de 88 %, les 12 % restants étant à la charge du management et des salariés.

La réussite de ce LBO viendra notamment du fait qu'avec ces 12 %, ce n'est pas un petit cercle de managers qui va investir mais plusieurs cercles composés du comité exécutif, des comités de direction des filiales, d'un troisième niveau de management et des salariés avec un plan d'actionnariat assorti d'un abondement généreux.

La philosophie retenue par tous les bénéficiaires de ce premier LBO a été que si ça a bien marché, c'est probablement parce qu'il était éthique. Pour cela, il fallait un alignement entre les managers et les salariés. Il importait ensuite que le LBO préserve le futur et ne soit pas uniquement un presse-citron dont le seul but aurait été de faire remonter du cash pour les dividendes. Or une société qui est en LBO doit pouvoir continuer à croître et à faire des acquisitions. Certes une partie du cash doit permettre de rembourser la dette, mais une autre partie est censée servir à développer le groupe. Par ailleurs la transparence devait être de mise avec les salariés. C'est ce qui s'est passé.

Lorsqu'on achète des actions, on doit être en risque. «Être en risque», cela veut dire risquer de perdre sa mise ! Pour les salariés, certes, l'abondement limitait leurs risques et la plus-value, le cas échéant, était toujours supérieure à celle d'un plan d'actionnariat car l'abondement y était plus fort.

En contrepartie du risque pris, une super performance entraînait une super plus-value.

Dans le cas de Spie, le premier LBO s'est terminé en 2011 avec succès et il y avait alors trois possibilités :

- un nouveau LBO ;
- une introduction en Bourse ;
- un rachat toujours par un concurrent (Eiffage, Vincie, Engie énergie...).

Sachant que l'un des buts du LBO, affiché par le visionnaire Gauthier Louette, continuait à être de faire croître la valeur du groupe par l'accroissement du chiffre d'affaires et sa rentabilité.

PAI a vendu finalement en 2011 à un consortium de fonds d'investissement à hauteur de 90 % et pour 10 % aux managers et aux salariés avec un schéma comparable à celui de 2006.

Les membres du comité exécutif devaient réinvestir au minimum 50 % de leurs plus-values, les autres niveaux de management 30 % et les salariés faisaient ce qu'ils voulaient dans le nouveau plan d'actionnariat avec abondement. Les actions souscrites étaient en partie versées dans un PEA. Ce qui était parfaitement légal.

Bilan de ces deux LBOs, il y a eu pour les managers et les salariés un multiple non négligeable par rapport à leurs mises de départ.

Tout cela s'est passé dans le cadre d'une politique salariale rigoureuse. Tous les ans, nous faisions chez Towers Perrin puis Towers Watson une revue des pratiques de rémunération. Le diagnostic démontrait que les rémunérations se situaient sensiblement en deçà de la médiane et nous l'écrivions mais on nous répondait que chaque salarié savait qu'il avait l'opportunité de réaliser un gain non négligeable à la sortie du LBO.

Ces deux LBOs ont conduit Spie en 2015 à sa cotation puis à une politique d'attribution d'actions gratuites de performance, conformes aux pratiques du marché à cette époque.

Qu'en conclure ?

Que des LBOs vertueux, c'est sûrement un bon équilibre entre la partie financière et l'économie réelle, que c'est une volonté de développer l'entreprise et que c'est par l'engagement de la direction générale que l'ensemble des salariés pourra percevoir une partie du gain que le LBO a marché.

Quand on regarde les résultats, on s'aperçoit que pour le premier LBO, il était juste que le multiple obtenu par rapport à la mise de départ soit la référence pour la répartition du gain. Mais pour le deuxième LBO, le multiple obtenu était-il la bonne référence pour le partage de la création de richesse ? Les managers et *a fortiori* le comité exécutif qui avait engrangé un gros paquet à l'issue du premier LBO ont réinvesti certes une partie de cette plus-value, mais il était impossible de demander à des salariés pour qui la politique salariale n'avait pas été particulièrement généreuse de réinvestir leurs plus-values.

Les fortunes accumulées par Gauthier Louette et son comité exécutif, plusieurs dizaines de millions pour le premier, plusieurs millions pour les seconds, ont été probablement excessives par rapport aux gains obtenus par les salariés dans le cadre des plans d'actionnariat généreusement abondés. Mais, répétons-le, c'est le deuxième LBO qui a créé essentiellement cette démesure.

Reste néanmoins une preuve parmi d'autres que les LBOs de Spie n'ont pas nui au groupe : en 2006, Spie réalisait un chiffre d'affaires de 2,5 milliards d'euros avec 25 000 salariés et un EBIT (bénéfice avant intérêts et impôts de 70 millions d'euros ; en 2011, le chiffre d'affaires était passé à 4 milliards d'euros avec 35 000 personnes et un EBIT de 200 millions d'euros. En 2019, le chiffre d'affaires était de 6,9 milliards d'euros avec 46 500 salariés et un EBIT de 416 millions d'euros. Ces LBOs n'ont pas été réalisés au détriment d'acquisitions et de la croissance organique.

Ce qui reste d'abord choquant dans un LBO et surtout un LMBO, c'est lorsqu'il y a peu de risques, que le multiple entre la mise de départ et la plus-value est limité à un petit cercle et que la société se recroqueville en économisant ses coûts de formation et de développement.

Chez Spie, il y avait de la part de Gauthier Louette qui en était le directeur général au début des années 2000 avant d'en devenir le PDG une vision stratégique qui a certainement contribué au succès de l'entreprise. Ce fait est indéniable.

Chez Darty, un LBO qui a profité à tous les salariés...

Le Groupe Darty a fait l'objet d'un LBO en 1988. Les frères Darty avaient toujours été convaincus de l'efficacité du principe de subsidiarité, facteur important, donc, de la prospérité de l'entreprise (meilleure adéquation ou pertinence des décisions, meilleure réactivité...).

Une conséquence de cette conviction, c'était leur volonté d'associer toujours plus le management, et l'ensemble des salariés, à l'entreprise.

Ils décidèrent donc de transmettre à leur management mais aussi à l'ensemble des salariés la propriété de l'entreprise.

Le facteur clé de succès qui a permis à ce rachat de s'opérer dans de bonnes conditions, c'est que chaque année le groupe, qui engrangeait des profits considérables, distribuait des gratifications, de la participation, de l'intéressement collectif à tout son personnel. Les plans d'épargne d'entreprise avec des abondements étaient très garnis et l'épargne salariale d'un employé pouvait représenter plusieurs années de salaire.

Comme dans tous ces groupes de distribution, les valeurs partagées étaient entrepreneuriales et les comportements, tournés vers la performance. C'était une culture type : « À fond sur le braquet, toujours au taquet ! » On rémunérait l'ensemble des salariés, y compris le management, avec des salaires moyennement compétitifs mais des parts variables et des parts collectives (intéressement et participation) qui rendaient le package global tout à fait attrayant. Pour tout le monde donc.

Lorsque la question du rachat fut mise sur la table, il fut clairement dit à tout le personnel qu'investir représentait un risque mais que tout le monde était dans le même bateau.

Et bien, ça a marché ! À la fin, tout le monde s'y est retrouvé. Évidemment d'abord la direction générale et les niveaux de management mais des secrétaires, des employés ont pu acquérir leur appartement ou leur pavillon et ont même pu parfois acheter une maison à la campagne.

Un partage de la richesse où tout le monde s'y est retrouvé, même si je n'ai jamais su comment cette richesse s'était réellement répartie de haut en bas ! « En ces temps-là », l'opacité dans la répartition de la création de valeur était la règle mais aujourd'hui là encore, il s'agirait de montrer patte blanche !

Wendel : le co-investissement synonyme de risque !

Le comité de gouvernance de Wendel souhaitait, en 2008, disposer d'un avis professionnel indépendant sur le niveau et la structure de rémunération du directoire de Wendel avec une recommandation qui ne devait pas prendre en compte les co-investissements des deux membres du directoire. En effet, nous intervenions dans un contexte particulier car l'investissement de Wendel dans Saint-Gobain, réalisé juste avant la crise de 2008, tournait au désastre. Certains actifs nets des *managing directors* étaient dans le négatif de plus d'1 million d'euros ! Ils étaient donc très touchés malgré des gains tirés des investissements judicieusement réalisés dans des sociétés dont Wendel venait de sortir.

Lorsque nous gagnâmes l'appel d'offres contre Egon Zehnder, l'un des grands cabinets mondiaux spécialisé dans la gouvernance et les recrutements et qui était jusqu'alors le cabinet de référence, les comparaisons qu'il nous était demandé de prendre en compte étaient de plusieurs natures car aucun benchmark n'était et ne pouvait être parfait. Wendel n'était pas au sens strict un groupe de *private equity* car il ne levait pas de fonds. Ce que n'hésitaient pas à rappeler certains membres du comité de gouvernance.

Nous fîmes donc trois colonnes avec, dans la première, les rémunérations des PDG du CAC 40 et de leur numéro 2, dans la deuxième, une colonne avec des sociétés comme Eurazeo, PAI... et enfin une troisième avec des groupes internationaux spécialisés dans le *private equity* comme KKR, Carlyle...

C'était très généreux car le contexte, à notre sens, ne justifiait plus ces comparaisons. Je me souviens d'un commentaire de l'un des membres du comité, très écouté. « Nous sommes devenus une PME ! », faisant référence aux déboires du groupe à la suite de l'investissement dans Saint-Gobain.

Comme il n'existait aucun système de retraite-chapeau ou même de retraites à cotisations définies, en dehors du régime général (Sécurité sociale et Agirc-Arrco) et que le comité de gouvernance ne souhaitait pas engager une réflexion sur ce sujet, il fallait trouver quelque chose. En tout cas, c'est ce qui nous était demandé. L'intéressement à long terme, déjà évoqué[16], posait un problème car le cours s'était effondré et il n'était plus question d'envisager des co-investissements pour le moment. Nous fûmes prudents. Suffisamment pour être sollicités à nouveau quelques années plus tard par le comité de gouvernance lorsque le mandat du directoire arriva à son terme et qu'il fallut faire de nouvelles suggestions. Le contexte n'était plus du tout le même car Wendel avait pratiquement épongé sa dette ou était en passe de le faire et commençait à réinvestir. Dès lors le directoire et

16. Voir p. 125.

les *managing directors* étaient appelés à investir dans les sociétés dans lesquelles Wendel prenait une participation selon le dispositif suivant : pour chaque prise de participation de Wendel dans une société, le directoire et les *managing directors* investissaient globalement 0,5 % de l'investissement total.

Des interviews, à la demande du comité de gouvernance, dont nous dépendions exclusivement, furent organisées, notamment avec les deux membres du directoire dont l'un nous rappela élégamment que c'était beaucoup mieux du temps d'Egon Zehnder…

Que nous apprenaient ces co-investissements ?

Qu'il y avait évidemment des conditions pour réaliser des gains. Particulièrement le taux de rentabilité interne, c'est-à-dire le rendement sur le capital injecté, qui devait être annuellement au minimum (je ne m'en souviens plus exactement) de l'ordre de 7 ou 8 % et de 40 % sur quatre ans. En contrepartie et à titre d'exemple (même si ça n'était pas exactement le cas chez Wendel), si Wendel avait acheté 100 en investissant au départ 25 en capital et en empruntant le reste (avec une participation des dirigeants dans le cadre du co-investissement à hauteur de 0,5 %), et si cette dette avait été remboursée en cinq-sept ans par l'entreprise que Wendel venait d'acheter, Wendel et les autres investisseurs (directoire et *managing directors*) se seraient retrouvés en fin de période avec un investissement qui avait été multiplié par quatre, toutes choses égales par ailleurs. Et ce, grâce à l'effet de levier. Avec ce système, la dette avait et a un but : maximiser la plus-value que réalisera l'investisseur sur son apport en capital au moment de la revente.

Il est évident que ces co-investissements permettaient à ceux qui y avaient été associés de gagner, lorsque tout se passait bien, des fortunes qui n'avaient rien à envier aux PDG les plus performants du CAC 40. Mais il faut aussi souligner que la politique d'investissement de Wendel était toujours axée sur le long terme. Toutes les sociétés dans lesquelles Wendel avaient pris des participations (Capgemini, Legrand, Bureau Veritas pour citer les plus représentatives) n'avaient jamais été ponctionnées comme cela a pu arriver et arrive chez des prédateurs qui génèrent des profits mais ne servent pas l'économie.

Reste une question : ces gains obtenus à partir du levier et dans des conditions de fiscalité avantageuses (PEA, PEE...) mais parfaitement légales étaient-ils totalement légitimes eu égard à leurs niveaux ? Les gains tirés étaient-ils proportionnels aux risques pris ? Wendel ne levait pas de fonds et ne pouvait être assimilé aux KKR, Carlyle, ce qui évidemment agaçait prodigieusement les deux membres du directoire quand on le leur rappelait.

L'affaire Saint-Gobain qui, en soi, n'était pas mauvaise, avait échoué principalement en raison du timing et probablement de quelques maladresses. Ce n'était pas une raison pour considérer qu'à une perte colossale devaient correspondre des gains astronomiques lorsque ça tournait très bien... C'est là qu'il existe un conflit majeur entre les tenants du néolibéralisme qui n'ont en tête que la compétitivité avec des gains sans limite et les défenseurs d'un libéralisme contenu qui souhaitent la prise en compte de l'environnement et tout simplement de la mesure, du « ni trop, ni trop peu ».

Comparés aux responsabilités des PDG et directeurs généraux délégués du CAC 40, les membres du directoire principalement mais également les managing directors prenaient assurément des risques par leurs investissements qu'il est rarement demandé à leurs homologues dans des grands groupes. Convenons tout de même qu'ils ne jouaient pas et ne jouent toujours pas dans la même cour que ces patrons du CAC 40 et leurs collaborateurs directs.

Être sous le « robinet », lorsque ça marche, suppose d'abord que les actions acquises le soient dans les mêmes conditions qu'un actionnaire de droit commun et que la fiscalité soit la même ! Cela devrait impliquer également que les dirigeants conservent leurs actions pendant au moins les deux années qui suivent la vente de la participation du groupe qui les emploie.

Quels remèdes à ces rémunérations stratosphériques ?

Comment stopper aujourd'hui ces rémunérations hallucinantes ?

L'un des moyens serait d'imposer ces rémunérations salariales excessives, ces cachets, ces honoraires avec une échelle pouvant aller, pour tous les contribuables, dont les footballeurs, et plus globalement toutes les stars jusqu'à un taux marginal de l'impôt de 80 % voire plus sauf si, au-delà de l'imposition à 49 % + 4 %, l'excès perçu était réinvesti dans des PME voire dans le sport (pour les footballeurs) ou encore à des associations comme c'était le cas pour les assujettis à l'ISF qui pouvaient déduire 75 % de leurs investissements dans de l'économie réelle.

À partir de quels niveaux de rémunération, l'échelle au-delà de 49 % + 4 % devrait-elle s'appliquer ? À titre personnel, je pense que la barre pourrait se situer entre 3 et 5 millions d'euros. Ce sont des niveaux de rémunération déjà excessivement élevés sur lesquels un consensus pourrait être trouvé.

Aux États-Unis, le taux marginal de l'impôt sur le revenu en 1963 était de 90 % dès lors que la rémunération imposable s'élevait à 400 000 dollars.

400 000 dollars en 1963 correspondent aujourd'hui en 2020 à 3,4 millions de dollars.

De même à titre d'information, 215 000 dollars en 1980, année de l'élection de Ronald Reagan à la présidence des États-Unis, étaient encore imposés au taux marginal de 70 % et correspondraient en 2020 à une rémunération imposable de 650 000 dollars. C'est dire combien l'imposition des rémunérations les plus hautes n'a pas toujours été traitée avec bienveillance, même aux États-Unis.

Sans copier ce modèle, un moyen pourrait être de s'en inspirer mais, pour ne pas décourager l'entrepreneuriat, d'inciter simplement ces patrons ou ces stars qui perçoivent des rémunérations très élevées à reverser ce qui dépasse un certain montant (entre 3 et 5 millions d'euros) dans l'économie réelle (ce qui les dispenserait donc de payer un impôt au-delà de 49 % + 4 %).

Il faudrait pour cela réunir un comité composé d'entrepreneurs, de représentants des grandes activités régaliennes, souvent délaissées et indispensables pour le pays (santé, recherche, éducation, police...) afin de réfléchir sur les modalités de l'échelle et de la proposer. Suivraient un rapport et un projet ou une proposition de loi. Le dernier mot reviendrait au législateur.

Cela passerait par un changement de jurisprudence de la part du Conseil constitutionnel et probablement par une réforme de la Constitution pour contenir le rôle joué désormais par le Conseil constitutionnel (excessif à mon sens). En effet, à la suite de la tranche d'imposition à 75 % pour les revenus salariaux au-delà d'1 million d'euros, proposée par François Hollande pour se faire élire à la présidence de la République en 2012, et votée par le Parlement, le Conseil constitutionnel invalida cette loi après avoir considéré que tout ce qui était imposé au-dessus de 64 % était confiscatoire et n'avait pas lieu d'être. Le verrouillage du Conseil constitutionnel, aujourd'hui, empêche toute réforme sur les rémunérations excessives ! Ce que me confirma l'un des conseillers du Président de la République.

Pas d'inquiétude, si une telle réforme était mise en place, cela n'empêchera pas ces stars ou ces dirigeants d'exercer leurs talents et de continuer à faire rêver certains jeunes que la vie n'a pas forcément favorisés. La crise sanitaire devrait, espérons-le, contribuer à pousser ceux qui ont laissé se dégrader l'image du capitalisme à plus de retenue.

Désormais et heureusement, dans les banques, les preneurs de risque (principaux dirigeants, traders de la salle des marchés, responsables opérationnels dans la banque d'investissement...) reçoivent leur bonus avec un étalement sur trois ans, ce qui permet chaque année de corriger un mal acquis au cours de l'année ou des deux années précédentes.

Ce qui serait souhaitable, c'est de responsabiliser sur le long terme ces traders qui prennent par leurs transactions des risques considérables pour leur entreprise ! Comment ? En pouvant récupérer les pertes sur les gains sur une longue durée.

On sait en effet qu'avant 2008, les grands risques étaient pris le plus souvent par la division ou la branche dont relevait le trader et le profit allait pour le trader et aussi évidemment la branche ou la division. Verser des bonus très élevés (5, 10 et même 15 millions d'euros comme cela a pu se pratiquer en son temps à la Société générale) au terme de l'année à un chef de branche ou de division et s'apercevoir plus tard que tous les process de contrôle n'ont pas été respectés et que l'un de ses cadres a pu mettre la banque en danger était scandaleux ! L'éthique aurait voulu que ces bénéficiaires de bonus stratosphériques y renoncent, les reversent quelques années plus tard par des règlements internes ayant prévu une clause de *claw back* (reversement du bonus). Cette dernière existe au Royaume-Uni, mais uniquement en cas de fraude.

Comme le footballeur, le trader est actif et ce qu'il fait a une conséquence directe. Sauf que dans le foot, c'est le ballon qui rentre dans le but dans un brouhaha indescriptible alors que pour le trader, il peut demeurer une incertitude sur les conséquences de sa transaction. Pas forcément à court terme.

Si le secteur financier a trouvé, en partie mais en partie seulement, un remède à ces dérives, la planète foot reste évidemment en pleine surchauffe financière. Puisse le Covid-19…

Les PDG, ces mal aimés…

Mais si comparaison n'est pas raison entre les rémunérations de ces stars et celles des grands patrons, on doit admettre qu'un PDG, par son génie, par sa vision peut considérablement enrichir son groupe et son environnement (prestataires, clients, activités indirectes et induites). On ne le dit pas assez et on oublie qu'*in fine*, c'est lui qui décide ; car on le laisse décider, même s'il a pu s'entourer d'avis et de conseils !

Ce qui est sûr, cependant, c'est que l'opinion publique saisit mal l'impact d'un PDG sur son entreprise, sur l'employabilité car c'est beaucoup moins perceptible pour elle. Elle verra beaucoup plus les destructions d'emplois, les licenciements, les gels de salaires et simultanément des versements de bonus, des allocations d'actions et des indemnités de départ peut être un peu trop généreuses tandis que le footballeur, lui, ne détruit pas d'emplois

Les PDG sont là, selon cette opinion publique, pour la rentabilité de l'actionnaire et on a du mal à lui donner une dimension sociale.

Et puis, comme on retient toujours plus le négatif, on dira que ce patron a mis au tapis son groupe en devenant mégalomane ou en fixant des axes stratégiques qui se sont avérés inadaptés ou à contre-courant du marché, alors même qu'il disposait des conseils et des comités pour le soutenir ou le mettre en garde…

On l'a vécu parfois en France et ce qui a choqué, c'est que ces patrons n'ont pas quitté leur groupe complètement bredouilles.

À l'heure de la transparence, personne n'accepte d'entendre qu'un PDG qui a fait échouer son groupe avec comme conséquence le licenciement de cinq mille personnes parte avec une indemnité de plusieurs millions d'euros et/ou que son successeur venant de l'extérieur empoche immédiatement un bonus d'accueil de 2 millions d'euros voire davantage avec des actions gratuites assorties de conditions de performance *light*.

Si ce bonus d'accueil est la condition sine qua non pour lui de venir car il doit abandonner ses droits dans le groupe qu'il va quitter, c'est quelque chose qui est souvent inaudible pour l'opinion publique.

Le grand patron, aujourd'hui reste ainsi un mal-aimé. Ce «désamour» relève parfois de sa faute (refus d'un coaching, aspects comportementaux déplaisants) plus fréquemment du comité des rémunérations et du conseil d'administration, qui ne l'ont pas alerté sur ses exigences ou qui ont été déficients dans la communication.

Et pourtant, l'opinion publique ne sait pas tout ! Il m'est arrivé de rencontrer des PDG qui, assurément, n'aimaient pas trop qu'on vienne les chahuter sur leurs niveaux de rémunération. Les réponses aux questions sur le niveau de leurs rémunérations étaient toujours les mêmes : «Regardez Les salaires des footballeurs – on me propose quatre fois plus aux États-Unis – ce n'est pas moi qui ai fixé ma rémunération et je n'ai rien demandé-je suis juste à la médiane du marché.». Sauf qu'ils étaient également dans des comités des rémunérations d'autres groupes et avaient souvent été de mèche pour fixer la rémunération de certains de leurs homologues (toujours ce fameux «Je te tiens, tu me tiens», bref ce que d'aucuns qualifient un peu méchamment de consanguinité).

Sauf qu'en fin de compte, ils préféraient rester en France qu'aller aux États-Unis où ils n'avaient d'ailleurs jamais reçu de proposition ferme...

Mais ils admettaient aussi, une fois un climat de confiance établi entre nous, que leur rémunération pouvait être excessive. J'en ai entendu beaucoup me dire qu'il n'était pas question qu'ils lèguent toute leur fortune à leurs enfants. Ils créeraient ou avaient déjà créé des fondations pour le bien commun. Il faut le dire et cesser de dénigrer ces patrons. D'ailleurs, si des efforts doivent être accomplis pour partager davantage les profits, convenons que les critiques viennent beaucoup plus de l'opinion publique en raison de la transparence de l'information que de l'entreprise car si les salariés en bas de l'échelle n'ignorent rien des écarts avec le «premier de cordée», ils savent qu'ils peuvent bénéficier, si les résultats de leur groupe le permettent, d'une participation, d'un intéressement collectif, d'un plan d'épargne d'entreprise et d'un abondement.

On retrouve un peu cette situation dans une équipe de football, *mutatis mutandis*: personne au sein de l'équipe du PSG n'ignore que Neymar et Mbappé perçoivent respectivement 38 millions et 17 millions d'euros par an ; mais l'arrière du PSG qui n'est pas une star et qui est pratiquement à chaque fois sur la feuille de match, avec ses 900 000 euros par an, n'aurait-il pas de quoi manifester de la frustration ? Pourquoi n'en manifeste-t-il pas tant que ça ? Parce que si c'était le cas, vous pouvez être sûr que sa conjointe ou son agent lui rappellerait qu'il n'aurait jamais ce salaire ailleurs !

Même situation dans les grands groupes ! Un tiens vaut mieux que deux tu l'auras.

Les grands patrons des groupes du CAC 40 doivent être reconnus et traités convenablement (voir chap. 9) mais sans excès. Halte à la démesure en effet. Ils sont l'une des belles vitrines de la France.

Devons-nous toujours prendre en compte le stress qui les anime et qui n'a rien à voir avec celui d'un « rond-de-cuir » ? Évidemment, mais sans oublier que l'agent de maîtrise, l'employé ou le responsable d'un process dans une usine peuvent avoir aussi des objectifs de rendement, qui en ont conduit plus d'un au suicide (France Télécom). Chacun a sa dose de stress.

Je me souviens d'une table ronde lors des Entretiens annuels à l'abbaye de Royaumont en décembre 2019. Cette table ronde réunissait notamment Michel Combes qui avait dirigé Alcatel-Lucent et présidait désormais aux destinées de l'opérateur mobile américain Sprint. Il évoquait tout le stress d'un PDG à travers ses *road shows*, ses soucis éventuellement, familiaux, son obligation d'être toujours au top pour mobiliser toutes les équipes qui tirent un groupe. L'assemblée était en grande majorité composée d'anciens dirigeants et de cadres dirigeants, supérieurs. Elle écoutait sereinement, sagement. Cécile Duflot, qui faisait partie de la table ronde, prit la parole ensuite et répliqua sur le stress du chômage possible, sur les conditions de vie de l'ouvrier au Smic ou tout comme et qui pouvait lui aussi avoir des objectifs de rendement. Elle fut ovationnée.

La très grave crise née du Covid-19 et dont toutes les économies au monde subiront les conséquences ne peut, dès lors, qu'interpeller un peu plus les conseils d'administration et les gouvernements pour éviter la démesure, favoriser le partage, et cela tout en maintenant les principes d'une économie de marché, c'est-à-dire de la libre initiative. Mais pas en versant des montants excessifs et en invoquant de faux prétextes.

Avec la crise sanitaire vécue et la crise économique et sociale que nous allons vivre, les grands groupes français à travers leurs représentants ont une carte à jouer. À titre de comparaison, même si cela ne relève pas du même rationnel, il y a 193 pays à l'ONU et au moins 80 % de ces pays violent délibérément les droits de l'homme quotidiennement. Est-ce une raison pour le pays qui est respectueux des droits de l'homme, comme l'est la France, de commencer, à les violer ?

Je ne crois pas qu'en ayant une position vertueuse, les groupes se priveront demain de grands talents…

Chapitre 8

À QUELLES CONDITIONS LA RÉMUNÉRATION D'UN GRAND PATRON EST-ELLE JUSTE… ET RAISONNABLE ?

Juste rémunération ? Qui peut prétendre qu'une rémunération est juste et *a fortiori* qu'elle est raisonnable ? Il y a de la morale derrière tout cela…

Définir une rémunération juste et raisonnable requiert en partie un jugement de valeur que peuvent refléter nos préférences, notre niveau d'information, notre éducation, notre position dans la société, nos réussites professionnelles ou nos moindres réussites !

Il reste quand même possible de s'accorder sur quelques points avant de fixer une rémunération de grand patron en se posant un certain nombre de questions qui permettront de se rapprocher de la justesse et de la raison.

– L'alignement des rémunérations des grands patrons sur les rémunérations de leurs homologues aux États-Unis voire en Angleterre ou en Allemagne n'a de sens que s'il existe vraiment un marché mondial des patrons. Or, peut-on affirmer que les grands patrons français, offusqués par leurs rémunérations comparées à celles leurs homologues outre-Atlantique, se disputent au portillon américain ?
– Une rémunération juste et raisonnable renvoie forcément et immédiatement à la responsabilité sociale de l'entreprise dont le patron est le garant vis-à-vis de salariés et plus largement vis-à-vis de l'opinion publique. Or le risque lié à la précarité de la fonction de patron ne doit-il pas également prendre en compte le sort subi par les salariés victimes des mauvais choix stratégiques qui peuvent entraîner des suppressions d'emplois ? Dès lors une rémunération juste et raisonnable ne doit-elle pas prendre en compte les performances financières mais également des performances sociales et environnementales ?
– Un patron du CAC 40 gagne souvent dix fois plus que des patrons de PME mais ne travaille pas dix fois plus. Prend-il plus de risques personnels que ces patrons de PME alors qu'il est entouré d'un comité exécutif ou d'une garde rapprochée pour chacune de ses décisions stratégiques ?

- Aucune étude sérieuse n'établit de corrélation entre la rémunération et l'effort que doit consentir un grand patron : qu'il soit rémunéré 4 millions d'euros ou 300 000 euros dans une PME, un patron ne sera-t-il pas toujours au maximum de ses capacités, ou dit plus familièrement, à son « taquet » ?
- L'opinion publique ne peut pas accepter à l'ère de la transparence uniquement des résultats financiers et économiques au détriment de la politique de l'emploi. Le niveau de rémunération du patron ne doit-il pas intégrer les sacrifices imposés à la base (salaires gelés ou tout comme) ?

À l'inverse, une rémunération juste et raisonnable pour un grand patron, c'est une rémunération qui doit reconnaître :

- le poids de la fonction que le patron occupe avec quelques aspects comportementaux jugés critiques pour la bonne tenue de la fonction : vision stratégique, capacités entrepreneuriales, ambition, sens du risque, don particulier à savoir détecter les opportunités...). Ce poids de la fonction c'est le salaire ;
- sa performance annuelle par un bonus ou part variable, à travers la réalisation des objectifs financiers et individuels qui lui sont assignés ;
- le coup de génie de celui qui a pris seul une initiative qui s'avérera « spectaculaire », non seulement sur le court terme mais sur le long

terme ! On pourra lui attribuer pour cela au départ des stock-options ou des actions avec dans ce dernier cas des conditions de performances indiscutables et l'obligation de conserver ces actions pendant deux ans minimum au terme de son mandat ;

- sur plusieurs années, la création de richesse générée directement par le groupe et donc l'ensemble de ses collaborateurs dont il supporte les objectifs et dont il est le garant ;
- les pratiques du marché mais sans en devenir l'otage car il y a aussi l'environnement direct, que forment le personnel du groupe, les prestataires, les clients, le contexte… et le pays !

À partir de ces prémisses, trois groupes que j'ai conseillés me sont venus à l'esprit. Leurs patrons ont vraiment créé de la valeur, et pour tous.

ESSILOR INTERNATIONAL : UNE AUTHENTIQUE CULTURE DE LA PERFORMANCE

Xavier Fontanet qui a été le PDG d'Essilor International 1996 à 2010 a fortement impulsé le développement du groupe avec une politique de rémunération axée sur la performance et l'actionnariat. Il disposait d'un salaire fixe qui a été jusqu'à la fin de son mandat inférieur à 700 000 euros lorsque tous ses collègues du CAC 40 avaient des salaires compris entre 800 000 et 1,2 million d'euros. Il était certainement la lanterne rouge des salaires du CAC 40.

Les bonus qu'il percevait chaque année étaient principalement assis sur la croissance du bénéfice par action, la croissance organique et la croissance par acquisitions.

À objectifs atteints, ses bonus n'étaient pas au-dessus de ses homologues du CAC 40 ni le nombre des options et d'actions qui lui étaient attribués chaque année mais les superbes performances durables d'Essilor ont été telles que Xavier Fontanet a perçu tous les bonus qui lui étaient dus et que ses options puis ses actions lui ont permis d'empocher de belles plus-values. Le Groupe Essilor a vu ainsi son action grimper de 247 % en dix ans sous sa présidence ! Excusez du peu.

Chaque année, à la demande d'Henri Vidal, le directeur des ressources humaines, je faisais une analyse sur la compétitivité de la rémunération de Xavier Fontanet et, je l'avoue, je m'étonnais de ce salaire très en retrait du marché et qui était à peine supérieur à celui de son vice-président Philippe Alfroid. Je constatais ainsi un package de rémunération compétitif grâce aux options puis aux actions mais sûrement pas démesuré. La raison prévalait.

De 2003 à 2009, les rémunérations brutes annuelles (salaire + bonus), qui lui ont été versées en tant que PDG, ont ainsi été successivement de 660 000 euros, 670 000 euros, 753 000 euros, 792 000 euros, 842 000 euros, 1 151 000 euros, enfin 1 176 000 euros. Une progression continue mais sans excès. Entre ces deux dates, ses homologues du CAC 40 avaient plutôt des rémunérations brutes annuelles oscillant entre 1 500 000 euros et 2 000 000 euros sans que la performance soit toujours corrélée au niveau de rémunération perçu.

Un sans-faute pour Xavier Fontanet car le groupe a crû en chiffre d'affaires, en rentabilité, en capitalisation boursière et tout le personnel a été associé à cette politique axée sur la performance grâce notamment à l'actionnariat.

SEB : LA PERFORMANCE, SOLUTION DU CONFLIT !

En 2011, le comité des rémunérations de SEB décida de s'entourer d'un conseil pour départager les deux familles actionnaires qui s'opposaient sur la structure et le niveau de rémunération de son PDG et en partie de son comité exécutif. Par ailleurs, l'une des deux familles souhaitait que l'attribution d'actions gratuites ne soit pas réservée exclusivement aux équipes de direction mais touche un pourcentage significatif de l'effectif du groupe. La tension était tellement vive entre les deux familles qu'il n'y avait eu aucune attribution de stock-options et d'actions l'année précédente.

Nous avons été retenus à l'issue d'un appel d'offres. Je conduis la mission.

L'une des premières difficultés que je rencontre est le travail réalisé par un autre confrère de la place, qui a apparemment surévalué le poids des fonctions de l'équipe de direction. Ainsi je découvre que plusieurs fonctions clés du comité exécutif de SEB ont été cotées au même niveau que des fonctions comparables chez Air liquide. Bien que je n'ignore rien des challenges de SEB qui réalise de spectaculaires percées dans le monde, il me semble que les deux groupes ne jouent pas tout à fait dans la même cour…

Le président-directeur général de SEB se retrouve ainsi à partir de son poids de poste au niveau bas du marché en termes de rémunération, ce qu'il déplore, mais c'est aussi le cas d'un certain nombre de ses collaborateurs directs. Il trouve évidemment et à juste titre que le «procès» qui lui est fait par l'une des deux familles sur le niveau élevé de sa rétribution et sur son nombre d'actions est injuste.

Au sein du comité des rémunérations, présidé par un administrateur indépendant, Jean-Noël Labroue[17], chacune des familles est représentée. La feuille de route qui m'est donnée est claire :

17. Jean Noël Labroue a été président du Directoire de Darty puis Directeur Général de KESA

1) Proposez-nous un panel composé de groupes avec un actionnariat familial de référence et qui attribue des actions à ses salariés;
2) Une fois ce panel validé, dites-nous quelle est la juste rétribution qu'il convient de verser au PDG, aux membres du comité exécutif et quel doit être le montant d'options et d'actions susceptibles de leur être attribué chaque année ainsi qu'aux meilleurs performers du groupe… sans oublier les autres salariés.

La mission démarre difficilement car l'un des membres de l'une des deux familles semble vouloir en découdre avec le PDG. Je les reçois tour à tour rue Balzac où est localisé le cabinet Towers Watson.

La réunion du comité des rémunérations qui suit tourne presque au pugilat tant les positions sont irréconciliables, notamment entre le président du comité et l'un des administrateurs. On échange des noms d'oiseau. Mais le calme finit par revenir. Dès lors, la mission du conseil change de nature: il faut d'abord faire un peu de psychologie pour contribuer à réconcilier les deux familles et pour cela trouver un accord sur la rémunération.

On réussit à s'accorder sur un panel composé d'une quinzaine de groupes cotés, avec des actionnaires familiaux, SEB se situant autour de la médiane de ce panel en termes de capitalisation boursière, de chiffre d'affaires, d'effectifs et d'implantation internationale. Les groupes sont français et dans l'ensemble industriels (Technip, Vallourec, Bureau Veritas, Legrand, Imerys, Nexans…) mais pas tous (Rémy Cointreau, Ipsen…) et on a retiré tous ceux dont l'activité et les valeurs n'ont rien à voir avec ceux de SEB.

On s'accorde également sur les indicateurs pris comme référence pour attester de la création de valeur pour le groupe SEB.

Le point sensible est évidemment la question de la corrélation entre les niveaux de salaire, de bonus, de stock-options et d'actions attribuées, par rapport au marché, par rapport à l'interne et surtout par rapport à la performance.

Les comparaisons faites, à partir des benchmarks, ne laissent planer rapidement aucun doute. Les rémunérations du PDG et pour l'essentiel du comité exécutif se situent bien au niveau haut du marché, c'est-à-dire au quartile supérieur. Mais lorsqu'on prend pour chacun des quinze groupes sur cinq ans et même sur dix ans l'évolution de leur chiffre d'affaires, de leur EBIT, de leur résultat net, de leur capitalisation boursière, de leurs dividendes, du *return on equity*, du résultat net par action, de l'intéressement et de la participation versés aux salariés, des parts variables versées aux dirigeants et cadres éligibles à cette part variable, SEB se situe toujours dans le tiercé de tête sur tous les indicateurs !

Les résultats sont indiscutables. Le rapport est finalisé avec comme premier constat : « La rémunération du PDG et celle des membres du comité exécutif est compétitive et se situe dans le haut du marché. Mais le niveau de ces rémunérations se justifie par les performances cumulées de SEB au cours de ces dernières années sur la base des principaux indicateurs financiers, représentatifs de la création de valeur... »

Les options et actions vont pouvoir être réattribuées avec des attributions à un plus grand nombre. C'est la performance prouvée de SEB qui a permis de résoudre le conflit.

La rémunération du PDG de SEB était-elle excessive ? Il a perçu en 2011 un salaire brut de 850 000 euros (en 2007, ce salaire était de 800 000 euros) et un bonus de 1 248 000 euros.

En valeur absolue, d'aucuns trouveront que cette rémunération était élevée mais comparée à celle de ses homologues en France, à cette époque-là, elle n'était pas injustifiée. Elle se situait au niveau haut mais s'expliquait par les performances de SEB qui créaient de la valeur pour tout le monde. Tous les cadres éligibles au bonus en percevaient et la participation en France permettait aux salariés d'empocher pratiquement deux mois de salaire !

Si la rémunération la plus basse en France, chez SEB, était (à temps complet) de l'ordre de 25 000 euros en tenant compte de la participation, de l'intéressement collectif et de quelques avantages annexes, on se situait alors dans un rapport de 1 à 84 (hors intéressement à long terme) entre la rémunération du PDG et la rémunération la plus basse.

Je me souviens des doutes émis par le PDG et son directeur des ressources humaines Harry Touret sur la pertinence d'attribuer des actions gratuites plutôt que des stock-options.

Ils avaient raison. L'attribution se faisait généralement sur la base d'une action pour trois ou quatre options. Dès lors l'attribution d'une action à la place de trois ou quatre options équivalait à « un tiens vaut mieux que deux tu l'auras » (car on gagne avec les actions gratuites à tous les coups avec des conditions de performance atteignables, ce qui n'était pas le cas avec les stock-options). Ils préféraient donc des stock-options qui correspondaient davantage une culture de la performance.

Le Crédit mutuel Arkéa (2008-2019) : un binôme de choc à sa tête qui a su conserver le lien social !

En 2008, Jean-Pierre Denis accède à la présidence du Crédit Mutuel Arkéa et nomme Ronan Le Moal directeur général. Le Crédit Mutuel Arkéa rassemble alors le Crédit Mutuel de Bretagne et ceux du Massif central et du Sud-Ouest. Au total, trois fédérations.

Jean-Pierre Denis et Ronan Le Moal formeront un binôme de choc, le premier en tant que président s'impliquant dans la stratégie d'acquisitions et assurant surtout les relations à l'extérieur tandis que le second dirigeait opérationnellement le groupe tout en étant très impliqué également dans les acquisitions et la stratégie. À fond sur le braquet, ils vont mettre le turbo à une banque régionale qui coulait des jours heureux mais sans stratégie de conquête jusqu'alors.

En se donnant dès 2008 comme cap Horizon 2015, puis Arkéa 2020, ils vont faire du groupe Crédit mutuel Arkéa une banque universelle présente en France et partiellement à l'étranger, qui va compléter sa panoplie de services en procédant par acquisitions. Conservant sa vocation mutualiste, le Crédit Mutuel Arkéa va rester à la pointe de la technologie dans ses services et continuer à accompagner et financer l'économie réelle.

De 2009 à 2019, son produit net bancaire croît ainsi d'1,3 milliard à 2,3 milliards d'euros, son résultat net progresse de 154 millions à 500 millions d'euros, ses capitaux propres doublent, ses effectifs passent de 8 100 à 10 500 euros.

Les clignotants financiers sont tous au vert.

Le Crédit Mutuel Arkéa, après la crise financière de 2008, a été une des premières banques à mettre le paquet pour renforcer ses fonds propres et respecter les accords de Bâle III.

Et dans tout ce contexte de forte croissance et de forte rentabilité, *quid* de la rémunération de ces deux dirigeants et du reste du groupe ?

En 2008, il n'existait ni part variable ni intéressement à long terme. Le Crédit Mutuel Arkéa ne se comparait qu'à des banques régionales mutualistes.

Pour accompagner ce développement, des parts variables annuelles ont été mises en place à des taux toujours raisonnables ; plus tard un intéressement à long terme sera censé reconnaître la création de richesse. Mais tout ceci dans le contexte d'un groupe mutualiste, ce qui interdisait de rémunérer le haut de la pyramide sans que la base recueille également les fruits des profits réalisés sous forme de participation, intéressement, abondement et bonification groupe.

Deux couacs néanmoins : le premier en 2011. Il est prévu que l'obtention du bonus soit liée au minimum à la réalisation de deux objectifs financiers sur trois, dont le coefficient d'exploitation qui n'est pas satisfaisant. Or cette année-là, le coefficient d'exploitation n'est pas au niveau requis. Conséquence, pas de bonus ! Mais ce sera l'unique fois car dès l'année suivante, le coefficient d'exploitation sera à sa cible.

Le second couac a lieu quelques années plus tard : alors qu'un plan d'intéressement à moyen terme vient d'être mis en place pour récompenser ceux qui performent le mieux (avec un intéressement supplémentaire pour l'ensemble du personnel), le comité des rémunérations demande aussitôt après au conseil d'administration et obtient de ce dernier l'autorisation de relever les taux de parts variables annuelles des principaux dirigeants du groupe. En tant que conseil, nous n'avons pas été sollicités pour donner notre opinion et si cela avait été le cas nous aurions totalement désapprouvé cette idée car les taux étaient déjà compétitifs pour une Banque comme celle du Crédit Mutuel Arkéa.

Restent que les performances au cours de ces dernières années furent au rendez-vous grâce essentiellement au punch de Ronan Le Moal, directeur général, véritable locomotive de ce groupe.

En 2019, Jean-Pierre Denis, président, a perçu au total 1 378 000 euros et Ronan Le Moal, 1 105 000 euros et si la rémunération la plus basse, au sein du groupe, tous éléments confondus se situait autour de 25 000 euros, la rémunération moyenne des salariés s'élevait à 56 000 euros, ce qui faisait un ratio entre le haut et le bas de 1 à 52 et du haut à la moyenne des rémunérations de 1 à 23 !

Peu de groupes et de sociétés peuvent se prévaloir d'un écart « raisonnable » qui prend en compte le lien social ; c'est d'ailleurs ce qui a toujours fait la richesse du mutualisme.

Le Crédit Mutuel Arkéa est un exemple car il a su allier mutualisme, innovation, audace et performance.

La rémunération de ces deux dirigeants apparaîtra parfois élevée pour le secteur mutualiste mais elle se justifiait par la performance car ils ont emmené le groupe là où il est aujourd'hui. Personne en sus parmi les dix mille huit cents salariés n'est restée au bord du chemin…

Chapitre 9

LA PUBLICATION DE L'ENSEMBLE DE LA RÉMUNÉRATION D'UN GRAND PATRON DU CAC 40 : AVANT OU APRÈS IMPÔT ?

Soit l'exemple suivant :

En Euros	**PDG**	**Groupes du CAC 40 salaires médians**	**Groupes du CAC 40 salaires 1er décile***
Salaire (bonus et primes inclus)	2 550 000	50 000	25 000
Actions de performance valorisées	1 600 000		
Participation/ intéressement		5 000	3 000
Total brut	**4 150 000**	**55 000**	**28 000**

En Euros	**PDG**	**Groupes du CAC 40 salaires médians**	**Groupes du CAC 40 salaires 1er décile***
Salaire (bonus et primes inclus), net	1 157 340	33 696	18 380
Actions de performance, net	635 112		
Participation/intéressement, net		4 523	2 714
Total net , après impôt et charges sociales	**1 792 452**	**38 219**	**21 094**
Taux net/brut	43 %	69 %	75 %

* C'est-à-dire que 10 % des salariés du Groupe ont un salaire inférieur à ce montant de 25 000 €.

Commentaires

1. Le ratio d'équité entre la rémunération de ce PDG du CAC 40 et la rémunération médiane de son groupe en France (car si on le prend mondialement, cela n'a pas beaucoup de sens) se présente de la manière suivante :

- pour la rémunération totale brute (salaire + bonus + actions), l'écart se situe de **1 à 75** (4 150 000/55 000) ;
- pour la rémunération totale nette, c'est-à-dire après charges sociales et impôts, l'écart se réduit sensiblement : **1 à 47**.

2. Le ratio d'équité entre la rémunération d'un PDG du CAC 40 et celle du 1er décile de son groupe (les 10 % les moins rémunérés du groupe en France) se présente de la manière suivante :

- pour la rémunération totale brute (salaire + bonus + actions + participation/intéressement collectif...), l'écart se situe de **1 à 148** ;
- pour la rémunération totale nette, c'est-à-dire après charges sociales et impôts, l'écart se réduit sensiblement : **1 à 85**.

Depuis 2020, les grandes sociétés ont l'obligation de publier les ratios dits « d'équité » : comparaison de la rémunération brute du (des) dirigeant(s) mandataires sociaux par rapport aux rémunérations brutes médiane et moyenne des salariés du groupe en France. Ces indicateurs devraient être utilisés par le conseil d'administration et / ou le comité des rémunérations pour définir la rémunération du dirigeant et apporter de la cohérence par rapport à la rémunération des salariés et leurs évolutions respectives . Disposer des ratios en rémunération nette (sur la base d'estimations et non pas sur le montant d'impôt payé par chacun) leur permettrait de mieux apprécier la situation du dirigeant par rapport à celle des salariés.

Chapitre 10

QUELLE RÉMUNÉRATION POUR UN GRAND PATRON DU CAC 40 EN FRANCE ?

En 2021, à un comité des rémunérations d'un grand groupe du CAC 40 (chiffre d'affaires : 20 milliards d'euros, effectifs : + 100 0000 salariés...) multiproduits, mondial, avec des implantations dans tous les pays, qui me demanderait quelles sont les pratiques de rémunération pour un PDG, dans un groupe comparable, observées sur les principaux continents, voici la réalité sur l'année 2019 que je lui présenterais.

Niveaux moyens (en euros)

	France	Europe (UK, Italie, Espagne, Suisse, Allemagne	Europe (UK, Allemagne, Suisse)	Etats-Unis	Japon
Salaire	1 100 000	1 250 000	1 350 000	1 200 000	700 000
Bonus versé	1 450 000	1 200 000	1 300 000	2 400 000	300 000
Intéres-sement à long terme valorisé (actions gratuites…)	1 600 000	1 250 000	1 700 000	8 900 000	200 000

* Mai 2019. Source : CHLC Conseil.

Que faut-il en déduire et que peut-on proposer ?

D'abord que la France s'est laissée impacter comme les autres pays par le déferlement du libéralisme qui a prévalu dans le monde à partir des années 1990 et par cette collusion entre les actionnaires (fonds de pensions, les grands investisseurs) et les conseils d'administration et comités des rémunérations. Seul le Japon a résisté !

Qu'ensuite, en Europe, les comités des rémunérations n'ont pas eu vraiment d'oursins dans les poches. Il faut néanmoins reconnaître que des progrès ont été accomplis par ces comités des rémunérations. Ils ont appliqué généralement ce que les codes (Afep, Medef) leur recommandaient au moins en termes de rationnel. Suffisamment en niveaux? Sûrement pas mais à leur décharge, le code ne s'est jamais aventuré sur ce terrain. Il y a eu des excès dans les retraites-chapeaux, dans les indemnités de départ et dans certaines attributions d'actions gratuites... et les dernières années ont démontré, indépendamment de la hausse de la bourse, que les comités des rémunérations avaient parfois la main lourde!

Enfin, si la publication des rémunérations des mandataires sociaux a progressé dans sa transparence, elle continue de passer sous silence les rémunérations perçues au titre du ou des deux mandats d'administrateurs qu'a souvent un grand patron dans d'autres groupes et qui augmentent sa rétribution; surtout s'il préside un comité spécialisé. Quand il s'agit d'un mandat à titre personnel, passe (et encore!)! Mais quand il s'agit d'un mandat d'administrateur que tient le PDG en raison de liens anciens entre les groupes (voir dans le passé Air liquide et Danone ou encore la Société générale et Vivendi, ex-Compagnie générale des eaux), on peut s'en étonner car le salaire qui est versé au PDG couvre toutes ses activités, c'est-à-dire celles de président du conseil d'administration avec un rôle de représentation, et celle de dirigeant opérationnel. Or dès qu'il quittera sa fonction de PDG, il cessera le plus souvent d'être administrateur dudit groupe et cédera son mandat à son successeur.

Que proposer donc comme rémunération acceptable, honnête et audible pour un patron d'un grand groupe coté à la Bourse de Paris ainsi que pour les autres dirigeants mandataires sociaux le cas échéant ?

D'abord, un préalable.

Première suggestion : modifier impérativement la composition du comité des rémunérations. Comment ?

En constituant un comité ad hoc composé de deux représentants des actionnaires-administrateurs (dont un administrateur indépendant), d'un représentant du personnel administrateur, d'un représentant d'une partie prenante (client, prestataire externe) et d'un représentant d'une grande activité régalienne (santé, éducation, police, recherche…) et enfin d'un conseil extérieur (indépendant de la Direction des Ressources Humaines de l'entreprise et sélectionné, via un appel d'offres, et rémunéré par ce comité ad hoc). Proposition et vote (sans le conseil extérieur) par le comité du package de rémunération. Soumission au conseil d'administration pour vote consultatif et modification le cas échéant par le comité sans obligation. Vote à l'assemblée générale.

Première conclusion : le conseil n'a plus voix directe au chapitre sur la rémunération du PDG. Le comité est davantage responsabilisé.

Ensuite, deuxième suggestion : pour un patron tout comme pour son comité exécutif, obligation d'acheter sur le marché au moins une action de son groupe pour l'attribution d'une action gratuite (avec des conditions de performance). Obligation pour le patron et tout mandataire social du groupe (DG groupe, DG délégué, directoire...) de conserver toute action gratuite attribuée pendant au minimum deux ans au terme de son mandat, quel que soit le moment où le mandat s'achève.

Dilution annuelle en actions gratuites attribuées : 0,5 % (en moyenne, selon le secteur) avec une répartition proposée par le comité des rémunérations entre le PDG, les directeurs généraux délégués le cas échéant, le comité exécutif et le reste des salariés. Vote consultatif du conseil d'administration.

Attribution (non automatique) d'actions à la même période chaque année avec des ratios d'équité fixés par le comité. Prise en compte par le comité des effets d'aubaine le cas échéant avec une diminution du nombre d'actions attribuées. Conditions de performances assises premièrement sur une augmentation du cours en valeur absolue et en valeur relative (base indice ou panel sélectif) et deuxièmement sur d'autres critères non financiers (Responsabilité Sociale Environnementale, par exemple) si le comité le souhaite. L'objectif cible pourrait être pour un grand patron : attribution annuelle d'actions gratuites valorisées représentant 50 % de son salaire. Vote consultatif du conseil d'administration. Validation par l'assemblée générale.

Deuxième conclusion : les gains patrimoniaux des dirigeants mandataires sociaux doivent être totalement justifiés. Pas d'enrichissement sans cause. L'équité doit être respectée.

Enfin, troisième suggestion : fin des retraites-chapeaux. Alignement sur les pratiques internationales avec retraites à cotisations définies ou constitution d'une tranche D calée sur la tranche C en termes de dispositifs avec des plafonds fiscaux et sociaux appropriés.

Troisième conclusion : les retraites-chapeaux disparaissent.

Dès lors, une recommandation pourrait être la suivante dans le respect des conditions énumérées ci-dessus.

Salaire fixe : 1 à 1,2 million d'euros maximum (avec déduction des jetons perçus en tant qu'administrateur d'autres groupes si ces mandats sont liés à sa fonction de PDG).

Bonus annuel : 1) 50 % du salaire à objectifs atteints dont 50 % en objectifs de progrès ou de projet (objectifs non financiers) avalisé par l'assemblée générale au titre des trois années à venir (*retesting* possible chaque année). Au-delà de la cible, bonus supplémentaire pouvant représenter jusqu'à 50 % du salaire pour résultats exceptionnels proposé par le comité et voté par l'AG. Soit bonus maximum (bonus cible + bonus supplémentaire) représentant 100 % du salaire.

2) Le bonus versé à un PDG par rapport à son bonus cible (exemple 50 % de son salaire à 100 % des objectifs atteints) ne peut pas être supérieur en taux au bonus moyen versé aux membres de son comité exécutif (dont il supporte les objectifs) par rapport à leurs cibles.

Exemple: un PDG a réalisé 110 % de ses objectifs, soit 55 % de son salaire.

Le bonus des membres du comité exécutif représente 40 % de leur salaire à objectifs atteints. Or les membres du comité exécutif n'ont réalisé en moyenne que 90 % de leurs objectifs, soit 36 % de leur salaire (contre 55 % pour le patron).

En conséquence, le PDG ne pourra pas percevoir plus de 45 % de son salaire (50 % x 90 %).

Pour un patron qui a atteint ses objectifs à 100 % avec un salaire de 1,1 million d'euros, soit au total 1, 65 millions d'euros, l'écart de son salaire (salaire + bonus) avec le salaire du premier décile (les 10 % les moins bien rémunérés en France) devra se situer dans une fourchette au maximum 1 à 65-70.

Intéressement à long terme : attribution d'une action gratuite de performance conditionnée par l'achat d'une action. Conditions de performance: externe (alignée sur l'actionnaire) avec 50 % par rapport à un groupe de comparateurs ou à un indice (seuil de déclenchement requis: être au-dessus de la médiane) et si le comité le souhaite 50 %

(si la première condition est remplie) sur d'autres critères éventuellement liés à du RSE…

Montant : à la discrétion du comité mais au maximum valorisé à hauteur de 50 % du salaire.

Remarque : Si le conseil confie une mission particulière, secrète à son PDG (cession d'actifs, acquisition, fusion, préparation d'un investissement lourd en capital…), le comité peut proposer une allocation exceptionnelle d'actions de performance. Cette attribution d'actions avec conditions de performances exigeantes devra être expliquée le moment venu devant l'AG. Son montant valorisé au moment de l'attribution devra être limité à 50 % du salaire.

Pour un patron qui a atteint ses objectifs pour l'intéressement à long terme à 100 %, l'écart de sa rémunération globale (salaire + bonus + actions) avec la rémunération globale (salaire + participation + intéressement collectif + abondement) du premier décile devra se situer dans un écart maximum de **1 à 90**.

Retraite supplémentaire : cotisations définies (à répartir entre employeur et salarié) ou constitution d'une tranche D (fictive) entre 330 000 euros et 660 000 euros. L'épargne salariale, constituée dans le cadre d'un PEE et/ou d'un PEA avec des actions du groupe et fonds diversifiés, permettrait au dirigeant de compléter sa retraite.

Indemnités de départ : indemnité de départ jusqu'à 62 ans limitée à dix-huit mois (salaire + bonus), jusqu'à 65 ans à douze mois, avec conditions de performance[18]. Au-delà de 65 ans aucune indemnité. Aucune indemnité de départ, sur la base de l'ancienneté, supérieure en nombre de mois à celle de n'importe quel salarié à qui il est demandé de partir.

Exemple : si la convention collective accorde un maximum de dix-huit mois à un salarié, l'indemnité de départ (et la clause de concurrence le cas échéant) du mandataire social ne pourra pas en ce cas dépasser dix-huit mois.

Au total, la fourchette entre un patron qui remplit ses objectifs et un patron qui « super-performe » pourrait osciller en rémunération totale entre : 2,2 millions d'euros et 3,5 millions d'euros (performance tout à fait exceptionnelle), ce qui lui laisserait en disponible après impôt un peu moins de 50 % de sa rémunération.

Sa retraite supplémentaire, au-delà du régime général (Sécurité sociale et Agirc-Arrco ; aujourd'hui limité à 115 000-120 000 euros), sur la base de vingt ans d'ancienneté, lui permettrait de percevoir environ 60 000 à 70 000 euros en sus. Après, ce sont l'épargne salariale (dont ses actions) et son épargne tout court accumulées qui lui permettront d'avoir le niveau de vie qu'il souhaite.

---

18. Voir p. 178.

Conclusion

Un plus grand partage des profits, que ça soit sous forme de participation, d'intéressement collectif, d'actionnariat est une nécessité, principalement dans les grands groupes à l'heure de la transparence.

Il appartient aux comités et aux conseils, responsables des dérives, d'expliquer aux patrons et aux autres mandataires sociaux du groupe que la recherche d'une plus grande équité dans la répartition de la richesse est vitale ; pas seulement vis-à-vis du groupe mais aussi vis-à-vis de l'extérieur, de la région, des autres secteurs marchands et même non marchands. C'est pourquoi il faut modifier la composition des comités des rémunérations. Ces comités dans leurs recommandations, validées par les conseils, n'ont juré le plus souvent dans le passé que par la compétitivité pour fixer le niveau et la structure de la rétribution des patrons.

À eux aussi de regarder d'abord et davantage au sein des groupes ceux dont le profil, les performances cumulées, la vision peuvent leur permettre d'atteindre la première marche. Il existe dans tous les groupes de très hauts potentiels qui n'attendent que d'être mis sur orbite.

Michel Rollier chez Michelin, Patrick Pouyanné chez Total, surent s'imposer très rapidement comme chefs d'entreprise après les morts accidentelles d'Édouard Michelin et de Christophe de Margerie.

Un groupe est une communauté avec des valeurs. Même si des progrès ont été constatés au cours des dernières années pour apprécier la performance des grands patrons, les comités étant sous la menace d'un vote négatif à l'assemblée générale des actionnaires, ces comités sont restés trop souvent sourds, lourds et gourds.

Sourds car ils n'ont rien voulu entendre d'une grande majorité de nos concitoyens et pas seulement en France, choqués et parfois indignés des montants ou des prétextes invoqués pour justifier des montants inaudibles.

Lourds car ils sont restés dans leur bulle, ne jurant que par la compétitivité.

Gourds car ils ont été maladroits dans la communication en faisant trop souvent fi du lien social et de la solidarité.

Sans nier la difficulté de détecter la « compétence distinctive » dans un groupe pour le diriger (celui qui est le plus souhaitable) ou sur le marché, convenons qu'il y a peut-être des moyens à trouver pour définir ce que doit être la rémunération d'un patron qui remplit ses objectifs et ce que ne doit pas être la rémunération de celui qui échoue.

Assurément, ce ne sont pas des grands groupes que viendra demain la fronde car même si des écarts se sont creusés d'une manière parfois abyssale dans ces grands groupes, les profits donnent aux salariés en bas de l'échelle les moyens de subsistance. La fronde interne vient plus des augmentations salariales gelées quand, en haut de l'échelle, on s'enrichit toujours plus.

En revanche le capitalisme mondialisé est en train de générer mécaniquement une lutte des classes. Cette dernière est différente de celle pensée par Karl Marx ou mise en œuvre dans des régimes socialistes collectivistes qui ont vécu, mais elle est tout aussi violente dans nos démocraties occidentales, voire plus, et elle fait très peur.

Cette lutte des classes est déjà bien en marche (sans jeu de mots !) car elle est supportée par les réseaux sociaux, par la transparence de l'information à laquelle tout le monde a désormais accès.

L'exemple doit toujours venir de là-haut ; là-haut, c'est le patron de la PME, mais c'est aussi le grand patron d'un très grand groupe, coté en Bourse et dont tous les éléments de la rémunération sont publics. Les *golden hello* (bonus de bienvenue compensant ce que le futur patron va perdre en quittant son groupe), les *golden handcuffs* (menottes dorées consistant à fidéliser des patrons en leur promettant une retraite-chapeau), les *golden parachute* (parachute doré permettant à un dirigeant d'obtenir deux ans de salaire + bonus s'il lui est demandé de partir) sont désormais des pratiques fortement réglementées et en voie d'extinction pour certaines (retraite-chapeau) mais leur abus laissera durablement des traces. Le mal a été fait.

Les nouvelles directives européennes, les codes de gouvernance, les ratios d'équité (en vue), l'opinion publique ont certes conduit à plus d'exigences afin que les bonus annuels, les attributions définitives d'actions, les retraites supplémentaires et les indemnités de départ soient acceptables mais il faudra avec le temps revoir ces niveaux sûrement à la baisse et relever au contraire la rémunération de ceux qui performent durablement dans l'entreprise et un jour la dirigeront.

Regarder toujours dans l'assiette du voisin qui a plus que vous n'est pas seulement le fait des salariés d'un groupe mais aussi du grand patron qui ne cesse de vous dire qu'il a eu des propositions aux États-Unis pour gagner trois ou quatre fois plus… sauf qu'il n'a jamais présenté une proposition ferme d'un *board* américain à qui il devait répondre dans des délais précis…

C'est aux comités des rémunérations d'être plus courageux vis-à-vis du grand patron en arrêtant de ne jurer que par la mondialisation; c'est aussi aux grands patrons de s'adapter au nouveau contexte qu'imposent aujourd'hui la reconstruction du capitalisme, le développement durable, la décentralisation des décisions, un partage plus équitable des profits.

Je voudrais pour conclure vous livrer un apologue auquel j'ai parfois eu recours pour expliquer à mes clients ce que pouvait être l'intéressement à long terme pour un grand patron. Je prenais comme exemple l'attribution d'actions gratuites en leur disant ce qu'elle ne devrait pas être.

Il y avait un château délabré avec un jardin en état de friche. Celui qui l'occupait en était le gérant mais l'entretien était défectueux. Les murs ruisselaient. Des fuites partout. Des plafonds craquelés...

Le propriétaire demanda au gérant de partir et fit un appel à candidature.

Dans la feuille de route de celui qui fut pressenti pour gérer le château, il avait pour mission principale de rendre le château habitable et de faire en sorte que les jardins autour soient à peu près corrects. C'était l'objectif cible.

Le nouveau gérant s'y employa, fit ravaler les murs du château ainsi que les communs, restructura tout l'intérieur moyennant un salaire conforme à sa mission. Mais au-delà de ces objectifs, il fit des jardins à l'anglaise. Le château et ses jardins avaient totalement changé d'aspect. C'était devenu pratiquement un site touristique. Le propriétaire lui versa un bonus en lui disant que non seulement il avait tenu ses objectifs mais qu'il était allé bien au-delà...

Bientôt le gérant qui poursuivait sa mission de maintenance soumit au propriétaire l'idée d'agrandir de manière substantielle le périmètre du domaine de 20 hectares, ce qui le valoriserait considérablement. Il lui dit : « Si vous acceptez de financer cet agrandissement, vous permettant de doubler voire tripler la valeur de votre domaine, comme je vais l'entretenir et l'embellir, je vous demande de me faire participer à cette création de richesse en m'allouant 30 mètres carrés dans l'un de vos communs. Quand je partirai, je vous revendrai ces 30 mètres carrés mais au total vous ne serez pas perdant car votre site se sera largement valorisé. » Le propriétaire donna son accord.

Quelques années plus tard, le domaine était devenu un site de grande réputation. Il valait effectivement trois fois plus qu'avant l'agrandissement. Le gérant indiqua qu'il voulait désormais partir à la retraite. Le propriétaire en prit acte et lui racheta ses parts qui avaient effectivement triplé de valeur

Or quelques mois plus tard, le propriétaire apprit qu'une centrale thermique, polluante en sus, allait être implantée à quelques centaines de mètres du domaine. Celui-ci perdrait drastiquement de sa valeur… ce qui se passa en effet. Le propriétaire reprocha au gérant parti de n'avoir pas anticipé cet événement et surtout de ne pas l'avoir informé de ce projet qu'il connaissait parfaitement au moment de l'acquisition. Trop tard. Il avait empoché l'argent tiré de la vente de ses 30 mètres carrés !

Vous trouvez ça juste ?

Un PDG devrait avoir l'obligation de garder toutes les actions qui lui ont été attribuées au cours de son ou de ses mandats au minimum pendant deux ans à l'issue de son départ. Peut-être même plus… Ce n'est pas aujourd'hui le cas, mais il y eut dans le passé également des comportements qu'il faut reconnaître et donc saluer.

Lors d'un comité des rémunérations chez LISI (entreprise spécialisée dans la fabrication de fixation et de composants d'assemblage pour les industries automobile notamment), nous évoquâmes la question des gains parfois substantiels obtenus par les grands patrons au moment de la levée de leurs options suivi d'une forte baisse du cours de l'action quelques semaines plus tard !

Enrichissement sans cause ?

Thierry Peugeot qui présidait le comité des rémunérations me raconta que Jean Martin Folz, président du directoire de PSA à qui il fut attribué des stock options tout au long de sa présidence (1998-2008), attendit son départ pour les lever et les réaliser alors qu'il eut pu les lever bien avant. Chapeau bas !

Annexe 1

LES SOCIÉTÉS FAMILIALES : DES PRATIQUES PEU UNIFORMES

Le discours le plus répandu sur les groupes familiaux est qu'ils sont souvent très bien gérés car ils n'ont pas forcément l'obsession du court terme, du dividende ou de la valorisation de l'action. On raconte également qu'ils sont en général plus respectueux de leur personnel que dans des groupes avec un capital éclaté, sans actionnaire de référence et que pour se faire évincer, il faut le faire ! les valeurs y seraient plus humanistes. Tout cela est sûrement vrai ou l'a été. Du moins dans beaucoup de groupes.

Les grands groupes dans lesquels la famille ou encore le PDG actionnaire de référence joue un rôle moteur se comptent sur les doigts de la main : LVMH (Bernard Arnault), Kering, Bouygues. Ces groupes n'ont plus vraiment de particularité par rapport aux autres groupes du CAC 40. Leurs rémunérations sont bien sûr publiques et leurs conseils d'administration sont dotés de tous les comités prévus par les codes de gouvernance…

Seul Bernard Arnault est un peu à part car il est l'actionnaire de référence de LVMH et sa rémunération ne représente rien comparée aux dividendes qu'il perçoit. Autant dire que faire un benchmark d'une douzaine des PDG du CAC 40 en y incluant le PDG de LVMH, c'est déjà commencer à «piper» les résultats !

Les autres groupes familiaux, de taille moindre, présentent des particularités.

Le niveau et la structure de la rémunération du PDG d'un groupe familial va dépendre d'un certain nombre de paramètres.

- Le groupe ou la société familiale est-il coté ?
- Si oui, le PDG ou le président du directoire est-il un membre de la famille actionnaire (ce qui est le cas de François-Henri Pinault) ? En est-il l'actionnaire principal ? Quelle est sa liberté d'action ? Au contraire, s'il n'est pas un membre de la famille (ce qui est toujours le cas chez PSA), le PDG a-t-il fait l'objet d'une promotion en interne ou vient-il de l'extérieur ?
- Si non, la société familiale détient-elle tout le capital et le PDG en est-il le représentant et le principal actionnaire ou seulement l'un des actionnaires ou encore le PDG est-il quelqu'un

qui a été promu en interne ou vient-il de l'extérieur ?

Tous les cas de figure existent et donc, la rémunération du PDG peut être très différente en niveau et en structure.

J'ai connu de près dans les groupes ou sociétés cotés : PSA, Pernod Ricard, SEB, Wendel, Manutan International, le Groupe du Louvre (famille Taittinger), les Galeries Lafayette (familles Meyer et Moulin), les fromageries Bel (famille Fiévet) ; dans les groupes non cotés : Auchan (famille Mulliez), Baron Philippe de Rothschild, les Carrières du Boulonnais et un autre groupe familial que j'ai conseillé jusqu'à mon départ de Willis Towers Watson en décembre 2019 et que je ne peux citer car le principal dirigeant à l'époque y garde encore aujourd'hui des fonctions.

J'évoque ci-dessous quatre expériences vécues dans ces groupes, révélatrices des pratiques observées, un peu d'un autre temps.

Fromageries Bel : « S'ils partent, on fera de la promotion interne... »

À la fin des années 1990, le PDG des fromageries Bel est le gendre du fondateur. La société est cotée en Bourse mais le flottant ne représente guère plus de 15 % de la capitalisation boursière.

Le chiffre d'affaires est de l'ordre de 10 milliards de francs (1,5 milliard d'euros).

J'ai approché le DRH des fromageries Bel pour lui suggérer que nous lui fassions un diagnostic sur la compétitivité des rémunérations de son comité exécutif. Il a donné son accord mais n'a pas souhaité que la compétitivité de la rémunération du PDG soit étudiée.

Au cours de l'entretien de restitution, j'indique au PDG que les salaires des membres de son comité exécutif, après benchmark, sont justes au niveau de la médiane du marché. Pour cela j'ai retenu un panel de sociétés avec des chiffres d'affaires, des activités et une internationalisation à peu près comparable à ceux des fromageries Bel. L'échantillon n'est pas contesté. Il n'est évidemment pas possible de réunir uniquement des groupes familiaux.

Comme le PDG semble très rassuré du diagnostic, je lui fais remarquer qu'il ne s'agit que du salaire fixe et que les membres de son comité exécutif n'ayant ni part variable, ni intéressement à long terme (cette dernière pratique n'est pas encore généralisée surtout dans ce type de groupes familiaux), ni retraite supplémentaire, ni véhicule de fonction, le package global se situe très sensiblement en deçà des pratiques du marché. Certes la moitié des groupes de l'échantillon ne disposent pas de tous ces éléments de rémunération mais au moins de certains d'entre eux: presque toujours d'une part variable qui s'est institutionnalisée désormais en France, souvent d'une voiture de fonction, parfois d'un système de retraites supplémentaires (type retraites à cotisations définies) qui vient compléter le régime général ; rarement, c'est vrai, d'un intéressement à long terme à cette époque.

Je mentionne qu'il pourrait réfléchir à mettre un *incentive*[19] en place pour rémunérer davantage la performance. Comme il est très soucieux d'optimiser ses coûts d'opération, j'insiste aussi sur l'avantage d'un véhicule de fonction qui, valorisé, ne serait pas forcément inintéressant contre de la rémunération...

J'ajoute enfin qu'il pourrait se réveiller un matin et apprendre la démission de son directeur financier et de son directeur marketing qui savent très bien le niveau auquel sont payés certains de leurs homologues sur le marché.

Sa réponse ne tarde pas : « Mon salaire n'est pas très élevé (2,2 millions de francs soit 335 000 euros) et donc les salaires de mon comité exécutif, comme vous me l'indiquez d'ailleurs, sont dans le marché. Si certains veulent partir, on fera de la promotion interne. Nos métiers ne sont pas si compliqués que ça... »

Il oublie simplement de dire que les dividendes de la famille à l'époque lui rapportent chaque année deux ou trois fois son salaire, fût-ce par l'intermédiaire de son épouse. Je le lui fais remarquer malgré

19. C'est-à-dire un bonus avec des objectifs formalisés.

une moue de son DRH. Il répond sans aucun agacement : « C'est autre chose. » Ce qui était vrai, mais en même temps ce qui n'était pas dépourvu de tout lien avec son salaire modéré.

Plus tard, un comité des rémunérations sera créé et mettra en place une politique de rémunération de ses dirigeants davantage en phase avec les pratiques du marché, y compris pour la rémunération du PDG, qui entre-temps aura été remplacé.

Que peut-on en tirer ?

Que jusqu'à la publication des rémunérations (2001), certains groupes notamment familiaux restaient plutôt opaques sur leurs politiques de rémunérations et ne se la laissaient pas dicter par le marché.

Le Groupe du Louvre : « Une famille compliquée... »

Lorsque j'ai rencontré pour la première fois Jean Taittinger qui présidait aux destinées du Groupe du Louvre au milieu des années 1990, le courant est passé tout de suite. Je lui rappelai quelques faits de la présidence de Georges Pompidou auxquels je savais qu'il avait été sensible et mentionnai sa fonction de garde des Sceaux.

Ce premier contact fut clé. J'allais devenir le consultant de référence sur la question de la rémunération des dirigeants du groupe. Je le resterai jusqu'à la vente du Groupe du Louvre à Starwood.

Il n'y avait pas besoin d'écouter longtemps Jean Taittinger pour se rendre compte de son autorité et de sa puissance sur le groupe à une époque où des pratiques, fustigées aujourd'hui, avaient cours. Peu de temps après, il passa les rênes à sa fille Anne-Claire, une femme très compétente mais aussi toujours stressée. Il est vrai qu'elle n'avait pas la vie facile avec ses oncles, ses tantes (veuves) ou ses cousins et cousines qui attendaient comme le Messie une remontée des dividendes afin de payer leur ISF.

Le Groupe du Louvre était magnifique avec son palace (Le Crillon), de grands hôtels de luxe (le Lutetia, le Concorde Lafayette, le Martinez à Cannes, le Palais de la Méditerrannée à Nice), un grand restaurant (Le Grand Vefour), Baccarat mais aussi une hôtellerie plus économique (Envergure) avec les Campanile, les Kyriad et les Première Classe.

Le champagne était dirigé par Claude Taittinger (un demi-frère de Jean) et géré à part.

Anne-Claire Taittinger présidait donc le directoire du Groupe du Louvre, c'est-à-dire la holding, son frère Frantz avait en charge l'hôtellerie économique, qui marchait très bien, et ses cousins Margerie s'occupaient de l'hôtellerie de luxe : Concorde Lafayette, Lutetia…

Chaque année, je rencontrais le secrétaire général, Jean-Philippe Dubs, homme aussi sympathique et compétent que volcanique ! Cela mettait un peu de sel ! Et nous organisions l'étude de compétitivité de rémunérations des dirigeants. Je préparais l'étude et une restitution se tenait devant Anne-Claire Taittinger et plus tard avec le président du comité des rémunérations, qui fut tour à tour Gérard Mestrallet et François de Laâge de Meux.

Évidemment il y avait une tension familiale permanente que la secrétaire générale, Marie Clavé, m'avait décrite au départ discrètement, dans la mesure où c'était la descendance de Jean, essentiellement, qui avait la commande et pouvait utiliser l'outil de travail afin de s'exonérer en grande partie de l'ISF.

Leurs rémunérations sans être excessives étaient quand même d'un niveau acceptable (760 000 euros pour Anne-Claire au début des années 2000 et de l'ordre de 500 000 euros pour son frère Frantz) et les autres membres de la famille qui en ignoraient le détail (les rémunérations n'étaient pas encore publiques) nourrissaient quelques jalousies qu'amplifiait la suspicion d'une retraite-chapeau ! Car là, ça n'était pas piqué des hannetons !

Il y avait également un sujet de polémique récurrent. À l'époque on commençait à trouver dans les groupes que les jetons de présence versés aux administrateurs étaient parfois trop généreux compte tenu de leur moindre implication ou surtout de leur absence aux conseils. L'un des rapports Bouton émit l'idée qu'il serait sain de prévoir une part fixe et une part variable liée au taux de présence pour les administrateurs lors des conseils. Les conseils d'administration avaient ainsi le choix de fixer le bon dosage entre un jeton fixe et un jeton variable.

Anne-Claire Taittinger ne suivit pas cette recommandation car, disait-elle, « il y en a dans les conseils du groupe qui sont des *sleeping partners*, n'apportent rien ; et puis regardez mon cousin Christophe (de Margerie) qui travaille comme un fou (directeur général de l'Exploration production chez Total à l'époque), je le dérange jusqu'à 23 heures la veille d'un conseil sur des choix stratégiques mais naturellement il ne peut pas venir le lendemain ! Vous trouvez ça normal qu'il soit pénalisé ? Il m'aide beaucoup plus que… »

Mais le sujet clé allait devenir rapidement celui de l'intéressement à long terme avec les stock-options. On rentrait dans le dur !

Dans un groupe familial, fût-il coté en Bourse, ce qui était le cas du Groupe du Louvre, il est évident qu'une des missions du conseil est de préserver la paix familiale.

Dès le début de la mise en œuvre des stock-options, j'avais dit à Anne-Claire Taittinger que je lui déconseillais ainsi qu'à ses frères et cousins, qui étaient actifs dans le management du groupe, de s'inscrire comme bénéficiaires potentiels de stock-options. En effet, une fois les options levées, s'opérerait au sein de la famille un déséquilibre dans la répartition du capital. Le fait que ces stock-options soient offertes au management qui était déjà rétribué ne pouvait qu'alimenter la polémique.

C'était tellement vrai qu'au même moment Mme Meyer qui présidait le conseil de surveillance des Galeries Lafayette avait conditionné son accord à la mise en place d'un plan de stock-options: «Pas question que Philippe Lemoine et Philippe Houzé, les coprésidents du directoire (et gendres de Mme Moulin, une autre actionnaire de référence) soient éligibles au plan!»

Au Groupe du Louvre, Anne-Claire Taittinger considérait que dans ce plan de stock-options, cela n'avait pas de sens que le management n'y soit pas associé. C'est ainsi que les membres de la famille reçurent des options.

Plus tard, l'entrée d'Albert Frères dans le capital était un signe que tôt ou tard la société serait revendue… et que des membres de la famille ne feraient pas corps pour s'y opposer.

C'est ce qui arriva.

Que tirer de cet exemple?

Que lorsqu'on veut rester libres, la cohésion familiale passe par des sacrifices de la part du management. Mais en l'occurrence, personne n'y perdit car le groupe, grâce à Albert Frères, se revendit à prix d'or. Tout le monde gagna, et beaucoup d'argent…

Que la publication des rémunérations a changé la donne car désormais les groupes familiaux cotés sont exposés et que s'ils veulent attirer des « compétences distinctives » sur le marché, ils se doivent d'avoir des rémunérations compétitives et un package de rémunération attrayant. Or le patron donne le « la ».

Les Carrières du Boulonnais : « Des pratiques d'un autre temps… »

Milieu des années 1990. Le PDG d'une PME familiale dans le Pas-de-Calais nous fait savoir par l'intermédiaire de son responsable des ressources humaines qu'il souhaite disposer d'une analyse sur la compétitivité de sa rémunération ainsi que de celle de ses principaux collaborateurs. Il est l'actionnaire principal des Carrières du Boulonnais, patron de droit divin et enseignant à la Faculté catholique de Lille.

Tout passe et transite par lui. La stratégie, cela va sans dire, les politiques, les process, les procédures et les consignes.

Nous rencontrons le responsable des ressources humaines afin de comprendre les fonctions et les responsabilités de chaque titulaire et recueillir sur une feuille les données salariales car il ne peut être question de recevoir des fichiers. Il y a un salaire et des primes totalement discrétionnaires versées chaque année par le patron. La rémunération de ce dernier tient compte de l'environnement régional qui n'est pas spécialement florissant. Elle est donc loin d'être excessive, sans être ridicule.

L'exercice du diagnostic est rendu difficile car la société n'étant pas cotée, la constitution d'un panel est compliquée. Les sociétés, dans la région, en effet, ne sont pas prêtes à jouer le jeu, en proposant par exemple de nous confier leurs données en contrepartie de quoi nous leur ferions une restitution pour leur dire comment elles se positionnent.

Nous informons le patron de cette situation. Finalement nous convenons de faire ce diagnostic sur l'ensemble du territoire avec un échantillon comprenant des sociétés de la taille des Carrières du Boulonnais et donc un actionnariat souvent familial ou de référence. Ce sera à lui d'appliquer les décotes qui lui paraîtront pertinentes le cas échéant.

Trois semaines plus tard, le diagnostic est prêt et nous prenons rendez-vous.

Lorsque le patron découvre le diagnostic, on craint la crise cardiaque ! Il pensait que les rémunérations étaient largement au-dessus du marché. Or elles sont à peine au quartile inférieur (les 25 % les moins payés de l'échantillon) et parfois au décile 1 (les 10 % les moins payés).

Tollé ! « Et les avantages voiture, et les avantages logement, et le personnel de maison mis à disposition de mes cadres dirigeants, et la maison de vacances... » Tout y passe. On constate d'abord que ce sont des familles entières qui travaillent aux Carrières du Boulonnais : l'homme et la femme, parfois le fils ou la fille, le neveu. Beaucoup ont un logement de fonction, la plupart des véhicules de la société. Chaque année, une maison de vacances est mise à disposition. Bref, tous ces avantages n'ont pas été comptabilisés. Il est vrai que nous les découvrons au moment de cette restitution.

Je lui indique poliment qu'il devrait peut-être changer sa politique et se rapprocher du concept « contribution/rétribution ». Ce dont il convient. Je ne me souviens plus si je lui ai glissé : « L'entreprise n'est pas un bureau d'aide sociale. »

Il faut refaire le boulot en valorisant tous ces avantages, ce qui n'est pas une moindre affaire. Nous y arrivons cahin-caha en expliquant à chaque fois comment nous avons valorisé. Le nouveau diagnostic montre que la politique de rémunération globale se situe très légèrement au-dessous de la médiane ; ce n'est pas Byzance mais c'est mieux, d'autant que l'échantillon comprend pour la moitié des sociétés de l'Île-de-France. Une décote donc sera apportée à ce diagnostic pour positionner les collaborateurs et le cas échéant procéder à des réajustements.

Autre temps, autres mœurs !

Que conclure ?

Que ces pratiques n'existent plus guère car les avantages logement, voiture ne permettent plus d'optimiser sa rémunération nette comme avant, la législation sociale et fiscale ayant été modifiée pour permettre à l'Urssaf et au Trésor public de récupérer des cotisations et des recettes. En outre la culture et les valeurs dans les groupes familiaux s'est inspirée des pratiques de groupes cotés ne serait-ce que par ce qu'ils ont souvent en ligne de mire l'ouverture du capital et la due diligence qui suivra et qui les astreint à beaucoup plus de rigueur.

La société X : « Un conseil qui suit, qui gronde... mais qui finalement accepte presque tout ! »

La société X est une société dont le capital est détenu par une famille.

Il y a plus d'un siècle, leur arrière-grand-père a apporté ses capitaux et depuis, les deux générations qui ont suivi ont développé l'affaire, chacun apportant sa valeur ajoutée. Comme nous en sommes à la quatrième génération, il devrait y avoir désormais des cousins issus germains en première ligne, aux commandes, mais comme à la deuxième génération une famille s'est imposée de manière régulière, c'est-à-dire par la compétence, c'est elle qui tient les rênes !

Car il n'a jamais été envisagé de confier la direction générale à quelqu'un de l'extérieur, même si l'un des membres de la famille régnante, très impliqué dans le management, en a émis l'idée ces dernières années à plusieurs reprises pour faire taire les polémiques.

Le besoin d'attirer des talents externes qui ne pourraient jamais accéder au « podium » voire devenir DG ou PDG a contraint, depuis quelques années, le groupe à s'inspirer fortement des pratiques du marché des sociétés cotées en mettant en place des rémunérations attractives avec des *incentives*. De même, une gouvernance minimale en phase avec les pratiques du marché, a été mise en place ne serait-ce que si le groupe ou l'une de ses filiales devait ouvrir en partie le capital.

C'est ainsi qu'a été créé, sur ma recommandation, un comité des rémunérations et que se sont mises en place des politiques de rémunération comprenant des *incentives* non seulement à court terme mais à long terme pour reconnaître, attirer et motiver ceux qui tiraient le groupe. Des administrateurs dits indépendants ont fait leur entrée et venaient s'ajouter aux administrateurs membres de la famille et à ceux, non-membres de la famille, qui avaient exercé des responsabilités managériales dans l'entreprise avec succès.

J'ai conseillé ce groupe de 2002 à 2018 sur la politique de rémunération de ses principaux dirigeants.

Chaque année au mois de mars, le directeur financier, bras droit armé du PDG, m'invitait deux semaines avant le conseil pour me présenter les résultats de l'année précédente, m'indiquer comment allaient se dérouler le conseil auquel j'étais invité et le comité des rémunérations qui suivrait.

Je m'assurais des rôles et responsabilités des uns et des autres, me faisais communiquer le fichier comportant l'ensemble des éléments de rémunération et préparais un diagnostic qui rappelait sur les quatre derniers exercices les rémunérations perçues par le PDG et les membres du comité exécutif.

Le jour venu, le conseil démarrait vers 9 h 30 avec un exposé détaillé du directeur financier sur l'année. Les résultats de chaque société et de chaque pays étaient décrits. Parfois, il m'était demandé de faire un exposé sur les pratiques de rémunération observées sur le marché. Ce que je faisais bien volontiers. Suivait un exposé relativement long du PDG sur l'année qui était presque toujours « exceptionnelle », avec des références historiques, car il n'en manquait pas. Parfois c'était la Pax romana lorsque la famille grondait, ou la tactique de Napoléon à Austerlitz lorsque les résultats flambaient. La dernière fois, à la suite d'un coup d'État menaçant son pouvoir mais finalement déjoué, ce fut de Gaulle en 1968 à Baden-Baden pour s'assurer du soutien de l'armée, c'est-à-dire ses fidèles...

Arrivait le moment, tant attendu, où il indiquait que pour l'année écoulée le dividende s'élèverait pour la génération du dessus chaque membre de la troisième génération (c'est-à-dire la sienne) à tant. C'était en général le soulagement car je n'ai jamais connu de vaches maigres. Pourtant en 2008 après la crise financière, comme l'année n'avait pas été bonne du tout, le PDG m'avait indiqué qu'il était dans l'obligation de verser un dividende mais que celui-ci serait limité. En même temps, il considérait que son comité exécutif avait, dans ce contexte difficile, livré une véritable guerre et qu'il avait été héroïque. On lui verserait donc des primes exceptionnelles. Au comité exécutif uniquement, car en dessous ce fut la diète, les résultats ne permettant pas de verser le bonus groupe.

La décision retenue fut qu'il fallait distribuer proportionnellement à la famille et aux membres du comité exécutif.

Au comité des rémunérations, chaque année, qui suivait, le PDG faisait appliquer ce qu'il avait dit pour la rémunération de son comité exécutif et sortait ensuite pour laisser au comité le soin de fixer sa propre rémunération.

Que se passait-il ? Eh bien, à chaque fois, il avait *grosso modo* ce qui avait été décidé pour le comité exécutif et cela proportionnellement à sa rémunération. Un administrateur qui avait été très impliqué dans le management de la société quelques années auparavant me disait régulièrement : « Mais, Charles-Henri, c'est leur argent, ils font ce qu'ils veulent ! » Ce qui était vrai. Du moins en partie.

Ce que j'avais proposé comme règle et qui fut appliqué, c'est que le PDG ne pouvait pas avoir un bonus versé par rapport à sa cible supérieur à la moyenne des bonus versés par rapport à leurs cibles au comité exécutif. La raison, c'est que le PDG devait supporter les objectifs de son comité exécutif. Le PDG donna son accord.

J'eus une grosse frustration. J'indiquai un jour au PDG que je trouvais son salaire trop élevé par rapport aux membres de son comité exécutif. Les benchmarks le prouvaient. Ce qu'il admit. Je lui suggérai de le réduire d'environ 10 %, ce qu'il accepta également. Moyennant quoi je lui proposai d'augmenter son taux de bonus qui était sensiblement au-dessous du marché afin qu'il ne perde rien pour autant qu'il remplisse ses objectifs. Il entérina le principe.

Mais lors du comité des rémunérations qui suivit, le président dudit comité qui était un des administrateurs qui avait dirigé l'une des principales filiales du groupe, refusa en prétextant que cette diminution du salaire arrivait trop tard, à quelques années du départ en retraite du PDG et que ce dernier y perdrait avec sa retraite-chapeau qui était assise sur les rémunérations des dernières années et prenait essentiellement en compte le salaire. Je m'y opposai, sans succès !

Il faut dire que ce président de comité était également bénéficiaire de cette retraite-chapeau. Son allégeance au PDG n'était pas totalement terminée…

Que doit-on en tirer ?

Que ces groupes familiaux et ce groupe essaient de naviguer aussi bien que possible entre les obligations auxquelles ils sont de plus en plus astreints par la loi sur les sociétés et la liberté que leur laisse la pleine disposition du capital social. Mais ce « *freedom to act*[20] » des sociétés familiales du siècle dernier se terminera tôt ou tard.

---

20. Liberté d'action

Annexe 2

LES CABINETS DE CONSEIL SONT-ILS LÉGITIMES POUR APPRÉCIER LA RÉMUNÉRATION DES PATRONS ?

Qui est légitime pour apprécier la rémunération des patrons ?

Il n'y a pas une école déterminée. Cela se saurait !

A priori, on pourrait penser que des dirigeants ayant réussi, c'est-à-dire ayant cumulé des performances durables au cours de leur carrière et devenus des « sages » en siégeant dans des conseils d'administration ou de surveillance seraient probablement habilités à identifier les justes systèmes de reconnaissance ; à expliquer le rationnel qui sous-tend le niveau et la structure de la rémunération d'un dirigeant : fixe, variable… Mais le risque est évidemment qu'ils raisonnent par rapport à eux, à ce qu'ils ont gagné.

Sont-ils les meilleurs juges pour dire que tel dirigeant, tel patron eu égard au contexte, à sa performance, mérite tel bonus, un nombre substantiel ou limité d'actions, une indemnité de départ voire une retraite supplémentaire? Et ce par rapport à l'extérieur tout en prenant en compte les différentes échelles de rémunération dans le groupe.

Des compétences extérieures à ce «petit monde des dirigeants», pour apprécier le package de rémunération, composées de professeurs, chercheurs, médecins, représentants de la région... pourraient être également bienvenues. Elles permettraient de limiter certains excès en mettant davantage en perspective l'apport majeur ou somme toute relatif de ces dirigeants par rapport à d'autres richesses créées dans l'environnement, qu'elles soient directes ou indirectes, ou par rapport aux besoins du pays.

Les cabinets de conseil étaient-ils, sont-ils légitimes pour apprécier la rémunération des patrons?

Un mot sur ces activités de conseil.

Nos activités de conseil en ressources humaines au début des années 1990 consistaient à présenter, aux groupes qui nous sollicitaient pour être accompagnés, un grand cercle sur lequel apparaissaient tous ses domaines d'intervention: définition des fonctions dans l'entreprise, évaluation de ces fonctions, classification, études sur l'équité et la compétitivité de la politique de rémunération des groupes, constats, recommandations avec aussi l'élaboration de systèmes de bonus, l'appréciation des performances, la gestion des carrières (mobilité, rotation). Plus tard intervint mise en place des intéressements à long terme avec les stock options puis les actions gratuites de performance…

À ces activités pouvait s'ajouter dans des cabinets l'actuariat qui permettait de calculer les coûts que représentait la retraite supplémentaire d'un dirigeant dans un groupe ainsi que le montant qu'il percevrait à sa retraite. Un cabinet de conseil disposait alors de toute l'information nécessaire pour analyser le package de rémunération du ou des dirigeants dans un groupe.

Plus récemment, des grands cabinets de ressources humaines ont allongé leurs activités se sont impliqués dans la gestion des talents, dans les fusions/acquisitions sur le rapprochement des politiques de ressources humaines des groupes concernés, et dans le cadre du digital sur la communication individuelle des composantes des politiques de rémunération, retraite, prévoyance…, celui de la gestion des talents. De nouveaux domaines d'intervention sont également apparus comme l'équité salariale homme-femme ou la flexibilisation de la rémunération.

Cela étant, dire d'un package de rémunération d'un grand patron qu'il est peu compétitif, compétitif, très compétitif, excessif, juste, raisonnable parce qu'équitable par rapport à la pratique du groupe ou encore décalé, ne va jamais de soi. Cela suppose de bien connaître l'entreprise, sa stratégie, ses valeurs, son histoire, les lignes politiques de la rémunération du groupe : Souhaite-t-on rémunérer en priorité la performance ? *A priori* oui, mais ça n'est pas toujours le cas dans la pratique. Il convient aussi de bien identifier le parcours du patron, le cumul de ses performances passées, son âge parfois, son ancienneté dans le groupe, le potentiel qu'il représente pour conduire son groupe au succès…

À titre personnel, j'ai acquis une compétence au fil du temps, d'abord et surtout en cherchant à comprendre les différentes organisations, puis en rangeant et en classant les fonctions, ce qui permettait de valoriser le travail dans l'entreprise, les rôles des uns et des autres qui ne correspondaient pas toujours aux fonctions qu'ils tenaient.

Je me souviens de la réaction de Philippe Citerne, directeur des ressources humaines de Marc Viénot à la Société générale, dont on devait peser la fonction. « Au fond, disait-il, je ne sais pas très bien quel est mon vrai rôle car je fais bien d'autres choses que la simple direction des ressources humaines de la banque. » La suite allait le démontrer. À cette époque, il était davantage directeur de cabinet du président de la Société générale que simple DRH et son impact dans les résultats de la banque était déjà considérable.

À partir des années 1980, les groupes ont eu la volonté de mettre en place des méthodologies pour ranger et classer les fonctions. Ces méthodologies venaient en complément des conventions collectives qui étaient souvent le seul outil qui régissait alors la hiérarchisation des fonctions. Elles étaient aussi destinées, pour les employés et surtout pour les cadres, à reconnaître le poids de leurs responsabilités et de leur performance, l'objectif étant de disposer d'un rationnel pour rémunérer de manière équitable et compétitive l'ensemble des salariés.

La classification dans un groupe, en démarrant par le haut, était le moyen approprié.

Les dirigeants étaient les premiers concernés.

L'un des meilleurs souvenirs que je garde dans cet apprentissage pour apprécier la rémunération des dirigeants et du premier d'entre eux reste l'expérience acquise chez Total.

L'arrivée d'un nouveau PDG (Serge Tchuruk) dans le groupe Total au tout début des années 1990 fut synonyme de révolution. La Vieille Dame d'Auteuil, comme on l'appelait alors, fut priée de se remettre en cause !

Je fus chargé de mettre en place à la TEP (Total Exploration Production) une méthode « Total » sans carcan pour le rangement des fonctions. La tâche était rude car l'une des principales difficultés était de savoir peser les fonctions d'ingénieurs géologues, géophysiciens, réservoirs… qui pouvaient devenir de grands experts sans jamais faire de management. Comment les reconnaître et les valoriser par rapport à des managers qui perdaient au fil du temps leurs expertises? Ces managers en effet qui quittaient leurs filières d'origine pour faire du management, occupaient des fonctions davantage valorisées puisqu'ils géraient des effectifs et de gros budgets.

Filière d'expertise dans le pétrole à positionner contre filière du management! Tel était l'un des enjeux majeurs dans cette mission.

Pour comprendre les métiers du pétrole, c'est-à-dire l'exploration, le forage et la production, le DRH de la branche a considéré qu'il fallait aller sur place et c'est ainsi qu'avec le chef de projet de Total, nous sommes partis à Aberdeen en Écosse d'où nous nous sommes envolés en hélicoptère par un matin d'octobre à l'aube pour rejoindre, au-delà des îles Shetland, les deux plateformes de Total en mer du Nord.

Au fur et à mesure que l'on se rapprochait des plateformes, on distinguait celles d'ExxonMobil, de Royal Dutch Shell, de British Petroleum, d'Elf… Spectacle inoubliable dans ce ciel dégagé!

Sur place, nous découvrîmes les métiers du forage et de l'exploration avec toutes les explications requises qui allaient permettre de mieux comprendre l'ensemble de la chaîne, les process, les forages déviés…

L'exploration production nous était présentée dans le détail et dès lors assimiler les enjeux, les problèmes de cette grande branche de l'industrie pétrolière devenait plus aisé... En tout cas, moins compliqué.

Au retour nous démarrâmes par le haut les interviews des dirigeants de la TEP. D'abord Thierry Desmarest qui était le patron de la TEP puis son comité de direction. Il fallait en une heure faire le tour de leurs principaux enjeux à court et moyen terme, dresser les problèmes les plus difficiles que chaque dirigeant avait à résoudre, ce sur quoi se jouait la fonction, ce qu'il déléguait, ce qu'il gardait en propre, ses principaux résultats attendus...

Puis nous rédigions sa description de la fonction, la faisions valider par l'interviewé et le patron de la TEP lorsqu'il s'agissait d'un membre du comité de direction. Nous déclinions ensuite le processus par niveau de management en formant des cadres supérieurs et dirigeants (représentatifs à la TEP) à la rédaction de leurs fiches de fonctions. Nous faisions valider à chaque fois ces fiches par le titulaire et sa hiérarchie.

À la suite de ce travail, un comité composé de dirigeants opérationnels et fonctionnels de la TEP et d'un ou deux consultants était en mesure d'évaluer le poids relatif des fonctions à partir d'une méthode critérielle retenue et validée par Total. Cette méthode prenait en compte les compétences techniques, comportementales et managériales requises, l'expérience, le cadre de réflexion, la nature des problèmes à résoudre, la réactivité, la liberté d'action, les budgets dont le titulaire avait la responsabilité et l'impact de la fonction sur le budget ou sur une dimension économique appropriée.

Le dirigeant, le cadre supérieur, l'expert ont-ils un impact majeur, partagé, fortement contributif sur la dimension économique retenue ? Telle était la question délicate sur laquelle les avis pouvaient être partagés entre les évaluateurs.

La direction générale validait le lissage (poids relatif des fonctions). Puis le rangement des fonctions souvent sous forme de classification était soumis au patron de la TEP qui approuvait, après avoir fait le cas échéant ses remarques. La comparaison des rémunérations avec des homologues sur le marché devenait alors possible. C'était d'autant plus facile lorsque les fonctions de ces homologues avaient été également évaluées avec une méthode comparable. Dans le cas contraire, il pouvait exister des correspondances.

Tout ce travail, un peu bureaucratique il faut en convenir, évolua avec le temps car on se mit à raisonner rapidement beaucoup plus en termes de compétences et de rôle qu'en termes de poste ou de fonction. Les objectifs assignés aussi bien aux dirigeants qu'aux cadres de l'entreprise se traduisirent beaucoup plus par des feuilles de route que par des documents formalisés en quatre ou cinq pages.

Ce fut cependant une excellente école d'apprentissage, pour comprendre un groupe, son organisation, les rôles des uns et des autres et tout simplement le travail dans un groupe. On apprenait à hiérarchiser les salaires.

Une autre expérience m'a servi.

Lorsque TotalFina et Elf fusionnèrent en 2001, j'ai proposé au futur DRH du groupe, qui était auparavant le DRH de Total, et quelques années avant celui de la TEP, de réaliser un projet pour rapprocher les politiques de rémunération des dirigeants de Total, d'Elf et de Fina. Il me donna son accord.

Comment avons-nous alors procédé ?

Il fallait d'abord rassurer ! Ni vainqueurs ni vaincus dans cette fusion, même si…

Ensuite, quatre étapes.

1) Interview des 50 dirigeants (20 de Total, 20 d'Elf, 10 de Fina) du nouveau groupe (directeurs du raffinage, directeurs de l'exploration, directeurs de la distribution…) afin de les entendre sur les valeurs et la culture du groupe dont ils étaient issus, sur leurs attentes du nouveau groupe, sur ce qu'était pour eux un « dirigeant », quelle était leur vision…
   Nous rédigions un compte rendu, validé par l'interviewé, et aussi un verbatim anonyme destiné au PDG.
2) Audit des politiques de rémunération des dirigeants des trois groupes : niveaux, structure,

politique de fixation et gestion des salaires, bonus, stock-options… audit des politiques de retraite et prévoyance. Constats.

3) Recommandations sur la politique de rémunération des dirigeants à venir (niveaux, écarts, structure…), sur les retraites supplémentaires, sur la prévoyance, sur le statut de dirigeant (nomination, gestion du dirigeant, avantages…).
4) Présentation au comité exécutif.

Enfin, troisième expérience, nous avons monté en 1998 une étude annuelle sur la compétitivité des rémunérations des principaux dirigeants du CAC 40 en partant du haut. En 2018 nous avions pratiquement tous les groupes du CAC 40 dans nos bases de données ainsi que bon nombre du SBF 120…

Là aussi, nous identifions toute une série d'informations portant sur les caractéristiques des dirigeants et du premier d'entre eux. À ces études annuelles s'ajoutaient à la demande des clients les pratiques internationales en Europe et aux États-Unis dont nous disposions.

Dans son travail quotidien dans les années 2000, le consultant devait répondre à toute une série de questions lorsqu'il s'occupait de la rémunération des principaux dirigeants d'un groupe. La situation n'était pas aisée lorsque le secrétaire général ou le DRH d'un groupe vous appelait car il avait besoin d'une information immédiate ou dans les deux heures pour le PDG ou le président du comité. Le plus souvent, le consultant avait droit à un «vous avez ces infos dans vos tiroirs, allons!». C'est alors qu'il fallait avoir un peu de culot pour promettre l'info rapidement mais avec une contrepartie. Le consultant ne vivait pas d'amour et d'eau fraîche. La collecte d'informations souvent très confidentielles demandait du temps, de la patience et surtout nécessitait une double alchimie entre la société et le cabinet et entre le client et le consultant.

Très délicat à gérer, le coup de fil que le consultant recevait à 19 h 15. «Bonsoir Monsieur, je suis l'assistante de Monsieur... notre PDG... Je vous le passe» L'entrée en matière était souvent très aimable avec les excuses du PDG de vous déranger à cette heure; quelques compliments suivaient sur votre cabinet et son expertise, voire la vôtre. Puis arrivait la raison de son appel... qui n'était évidemment jamais désintéressé. Il allait falloir souvent faire vite... mais si on répondait bien à sa question, il pouvait y avoir à la clé un boulevard pour étudier la rémunération d'autres dirigeants du comité exécutif par exemple... voire un projet plus large.

Le DRH devenait alors définitivement votre ami...

Cependant, ce type de pratiques, avec le temps, a un peu cessé dès lors que les comités des rémunérations se sont institutionnalisés et surtout professionnalisés ; car désormais c'est le comité des rémunérations qui est censé avoir la main, même si ce n'est pas toujours le cas.

Table des matières

Ouvrages de la collection « Entreprises et société »

Xavier Fontanet,
Si on faisait confiance aux entrepreneurs, 2010

Jean Emmanuel Combes,
Pour que votre retraite soit un succès, 2011

Laurent Acharian, Philippe Degonzague, Marc Gerretsen,
Les Cent Jours des dirigeants, 2011

Sylvie Gilbert,
Femmes d'altitude, 2012

Maurice Thévenet,
Managers en quête d'auteur, 2012

Institut Montaigne,
Réformer par temps de crise, 2012

Patrick Artinian,
Visages de France 2012,
ma campagne électorale, 2012

Institut Montaigne,
Intérêt général, que peut l'entreprise ?, 2013

Edgard Added, Carine Dartiguepeyrou,
Image et rayonnement du DRH, 2013

Bertrand Martinot,
Chômage : inverser la courbe, 2013

Arnaud Robinet et Jacques Bichot,
La Mort de l'État providence.
Vive les assurances sociales !, 2013

David Brunat,
Giovanni Falcone, Un seigneur de Sicile, 2014

Yves Morieux et Peter Tollman,
Smart Simplicity. Six règles pour gérer la complexité sans devenir compliqué, 2014

Robin Rivaton,
La France est prête. Nous avons déjà changé, 2014

Cécile Philippe,
Trop tard pour la France ?
Osons remettre l'État à sa place, 2014

Edgard Added, Carine Dartiguepeyrou,
Isabelle Lamothe, Robin Sappe,
DRH, Le choc des ruptures, 2014

Julien Damon, Christophe de Voogd,
Gaspard Koenig, Cécile Philippe,
50 matinales pour réveiller la France, 2015

Jacques Bichot,
Labyrinthe. Compliquer pour régner, 2015

Jean-François Pradeau,
Gouverner avec le monde.
Réflexions antiques sur la mondialisation, 2015

Laurent Kott, Antoine Petit,
dirigé par Ariane Beauvillard,
Chercheurs et entrepreneurs, c'est possible !, 2015

Jean-François de Raymond,
L'Esprit de la diplomatie. Du particulier à l'universel, 2015

Martin Reeves, Knut Haanæs,
Janmejaya Sinha
Quelle stratégie pour votre stratégie ?, 2015

Édith Coron, Anne Garrigue,
Les Nouveaux Éclaireurs de la Chine.
Hybridité culturelle et globalisation, 2015

Patrick Lagadec,
Le Continent des imprévus.
Journal de bord des temps chaotiques, 2015

Laurent Moisson,
Napoléon, Hannibal… ce qu'ils auraient fait du digital, 2016

Olivier Babeau,
La Nouvelle Ferme des animaux, 2016

Clément Finet,
Vraies passions, vrais talents.
Et si les passionnés étaient les salariés modèles
de demain ?, 2016

Félix Torres,
L'Intelligence de l'entreprise.
Quarante ans de réflexion patronale en France, 2016

Arnaud Maigre,
Plaidoyer pour l'entrepreneur.
Vers une réconciliation des valeurs, 2016

Murat Lama,
Lee Kuan Yew, Singapour et le renouveau de la Chine, 2016

Thierry Wellhoff,
Le Procès de la communication. Accusée, levez-vous !, 2016

Jean-François Pradeau,
Sur la route du front, 2016

Ivan Best,
Sortir du bazar fiscal, 2016

Radoine Mebarki
(en collaboration avec Mathilde Habert),
Tous repreneurs ! Le nouveau mode d'Emploi, 2017

Patrick Tudoret
Le Bonheur et autres broutilles.
Chroniques du journal La Montagne, 2017

Erwan Le Noan,
La France des opportunités.
Toutes les bonnes nouvelles qu'on ne vous dit pas, 2017

Olivier Babeau,
L'horreur politique, l'État contre la société, 2017

Hervé Machenaud,
La France dans le noir. Les méfaits de l'idéologie
en politique énergétique, 2017

Jean-Pierre Beaudoin,
Des pouvoirs de l'opinion, 2017

Thierry Keller, Arnaud Zegierman,
Ce qui nous rassemble.
Comment peut-on être français ?, 2017

Hervé Maupin,
La folle épopée des frères Willot.
De la Société du Crêpe Willot à LVMH, 2017

Richard Duqué,
Une vie au Quai
De la guerre froide au chaos du XXIe siècle, 2018

Lucian Boia,
La fin de l'Occident
Vers le monde de demain, 2018

Bernard Deforge,
Matrices
Mes vies en multiplex, 2018

Sabine Choquet,
Unis par la diversité.
Ces pays forgés par leurs différences, 2018

Luc de Brabandere,
Petite philosophie de la transformation digitale
ou comment (re)découvrir l'art du zigzag, 2019

Jean-Pierre Fiquet,
Chine 2020
l'illusion d'une prospérité sans fin, 2019

Jean-Philippe Delsol
Éloge de l'inégalité, 2019

Pierre Bellon
Servir pour faire grandir
Les convictions iconoclastes du fondateur de Sodexo, 2019

Félix Torrès, Michel Hau
Le virage manqué. 1974-1984 :
ces dix années où la France a décroché, 2020

Bernard Abate
Notre travail sera-t-il plus intelligent ?,
Ce qui change avec le numérique, 2020

Luc Callebat
Entreprendre, donc servir
Carnet de route d'un dirigeant d'entreprise
(Algérie 2010-2014), 2021

Xavier Fontanet
Conquérir le monde avec son équipe
La fabuleuse histoire d'Essilor (1990-2013), 2021

Charles-Henri Le Chevalier
La Rémunération des grands patrons
Halte à la démesure !, 2021

Composition et mise en pages :
Flexedo (prepresse@flexedo.com)